Kauderwelsch
Band 49

AF648763

Dattelpalme

Impressum

Persisch – Wort für Wort
erschienen im Reise Know-How Verlag Peter Rump GmbH
Osnabrücker Str. 79, D-33649 Bielefeld
info@reise-know-how.de

14. neu bearbeitete und verbesserte Auflage 2016

Bearbeitung Oliver A. Iggesen
Layout Oliver A. Iggesen, Elfi H. M. Gilissen
Layout-Konzept Günter Pawlak, FaktorZwo! Bielefeld
Umschlag Peter Rump (Titelfoto: Leonid Andronov@Fotolia.com)
Kartographie Iain Macneish
Fotos Mina Djamtorki (MDj)
Druck & Bindung Werbedruck GmbH Horst Schreckhase, Spangenberg

ISBN: 978-3-8317-6479-2
Printed in Germany

Wer im Buchhandel kein Glück hat, bekommt unsere Bücher zuzüglich Porto- und Verpackungskosten auch direkt über unseren Internet-Shop: ***www.reise-know-how.de***

Die Internetseiten mit Aussprachebeispielen und der Zugriff auf diese über QR-Codes sind eine freiwillige, kostenlose Zusatzleistung des Verlages. Der Verlag behält sich vor, die Bereitstellung des Angebotes und die Möglichkeit der Nutzung zeitlich und inhaltlich zu beschränken. Der Verlag übernimmt keine Garantie für das Funktionieren der Seiten und keine Haftung für Schäden, die aus dem Gebrauch der Seiten resultieren. Es besteht ferner kein Anspruch auf eine unbefristete Bereitstellung der Seiten.

Der Verlag möchte die **Reihe Kauderwelsch** weiter ausbauen und **sucht Autoren!** Mehr Informationen finden Sie unter ***www.reise-know-how.de/rkh_mitarbeit.php***

Kauderwelsch

Mina Djamtorki

Persisch

Wort für Wort

Kauderwelsch heißt:

- Schnell mit dem **Sprechen** beginnen, auch wenn nicht immer alles korrekt ist.
- Von der **Grammatik** wird nur das Wichtigste in einfachen Worten erklärt.
- Alle Beispielsätze werden doppelt ins Deutsche übertragen: erst **Wort-für-Wort,** dann in normales Deutsch. Die Wort-für-Wort-Übersetzung hilft, die neue Sprache schneller zu durchschauen, außerdem lassen sich dadurch leichter einzelne Wörter im fremdsprachigen Satz austauschen.
- Es geht um die **Alltagssprache,** also das, was man tatsächlich auf der Straße hört.
- Die **Autoren** sind entweder Reisende, die die Sprache im Land selbst gelernt haben, oder Muttersprachler.

Kauderwelsch-Sprachführer sind keine Lehrbücher, aber viel mehr als traditionelle Reisesprachführer. Wer ein wenig Zeit investiert, einige Vokabeln lernt und die Sprache im Land anwendet, wird **Türen öffnen,** ein Lächeln ins Gesicht zaubern und reichere Erfahrungen machen.

Talk to each other!

Kauderwelsch Aussprachetrainer

Kauderwelsch zum Anhören

Einzelne Sätze und Ausdrücke aus diesem Buch können Sie sich **kostenlos anhören.** Diese **Aussprachebeispiele** erreichen Sie über die im Buch abgedruckten QR-Codes oder diese Adresse: www.reise-know-how.de/kauderwelsch/049

Die Aussprachebeispiele im Buch sind Auszüge aus dem umfassenden Tonmaterial, das unter dem Titel **„Kauderwelsch Aussprachetrainer Persisch"** separat erhältlich ist – als Download über Online-Hörbuchshops (ISBN 978-3-95852-101-8) oder als CD im Buchhandel (ISBN 978-3-95852-351-7). Beide Versionen erhalten Sie auch über unsere Internetseite:

> **www.reise-know-how.de**

Alle Sätze, die Sie auf dem Aussprachetrainer hören können, sind in diesem Buch mit einem 👂 gekennzeichnet.

Inhalt

Konversation

Anhang

MDj

Golestān-Palast in Teheran

Vorwort

Sie spielen mit dem Gedanken, die persische Sprache zu erlernen? Sie trauen es sich aber nicht ganz zu? Sie glauben vielleicht, dass Ihnen die Aussprache nicht gelingen würde, weil sie Ihnen sozusagen „spanisch“ vorkommt? Und diese gekritzelte Schrift, wie soll man das bloß lernen?

Habe ich Ihre Gedanken richtig erraten? Ja? – Vergessen Sie sie. Ich verspreche, Ihnen die persische Sprache auf so einfache Art und Weise beizubringen, dass Sie in kurzer Zeit und ohne Mühe eine kleine Unterhaltung führen können. Ich will Ihnen so viel Grammatik beibringen wie notwendig, ohne Sie mit 1001 Regeln und Ausnahmeregeln zu verwirren. Die Schrift können Sie lernen, wenn Sie möchten, aber es geht mit diesem Buch auch sehr gut ohne. Ich muss Ihnen aber gestehen, dass ich ohne Ihre aktive Beteiligung dieses Versprechen nicht einhalten kann. Ein bisschen Grammatik und Vokabeln büffeln, das müssen Sie schon.

Ich bin sicher, wenn Sie sich jetzt entschließen, die persische Sprache zu erlernen, werden Sie viel Spaß haben. Ich möchte Sie aber zu nichts überreden. Sie können es ja einmal probieren. Sie können auch persisch essen gehen. Mit Sicherheit bekommen Sie dann auch Appetit auf die Sprache.

Viel Spaß und / oder guten Appetit!

Hinweise zur Benutzung

Der Kauderwelsch-Band *Persisch* ist in drei wichtige Abschnitte gegliedert:

Grammatik

Die Grammatik beschränkt sich auf das Wesentliche und ist so einfach gehalten wie möglich. Deshalb sind auch nicht sämtliche Ausnahmen und Unregelmäßigkeiten der Sprache erklärt. Wer nach der Lektüre gerne noch tiefer in die Grammatik eindringen möchte, findet im Anhang einige Tipps zum Weiterlernen. Natürlich kann man die Grammatik auch überspringen und sofort mit dem Konversationsteil beginnen. Wenn dann Fragen auftauchen, kann man immer noch in der Grammatik nachsehen.

Konversation

In diesem Teil finden Sie Sätze aus dem Alltagsgespräch, die Ihnen einen ersten Eindruck davon vermitteln sollen, wie Persisch „funktioniert", und die Sie auf das vorbereiten sollen, was Sie später im Iran hören werden.

Wort-für-Wort-Übersetzung

Jede Sprache hat ein typisches Satzbaumuster. Um die sich vom Deutschen unterscheidende Wortfolge der persischen Sätze zu verstehen, ist die Wort-für-Wort-Übersetzung in *kursiver* Schrift gedacht. Jedem persischen Wort entspricht ein Wort in der Wort-für-Wort-Übersetzung. Wird ein persisches Wort im Deutschen durch zwei Wörter wiedergegeben, werden diese zwei Wörter in der Wort-für-Wort-Übersetzung mit einem Bindestrich verbunden.

كيف چرمی سفيد زنم
kif·e tscharmi·ye ßefid·e zan·am
Tasche-G ledern-G weiß-G Frau-mein
die lederne weiße Handtasche meiner Frau

„-G“ in der Wort-für-Wort-Zeile steht für das wortverbindende grammatische Element -e / -ye, *das u. a. die Funktion eines Genitivs (2. Fall) erfüllt.*

Werden in einem Satz mehrere Wörter angegeben, die man untereinander austauschen kann, steht ein Schrägstrich zwischen diesen.

قالی های / فرش های قشنگ گران
ghāli·hā·ye / farsch·hā·ye ghaschang·e gerān
Teppich-Mz-G / Teppich-Mz-G schön-G teuer
die schönen teuren Teppiche

Bei Wörtern in Lautschrift dient ein kleiner, mittig angeordneter Punkt zur Identifizierung von wichtigen grammatischen Vor- und Nachsilben im Persischen.

Mit Hilfe der Wort-für-Wort-Übersetzung können Sie bald eigene Sätze bilden. Sie können die Beispielsätze als Fundus von Satzschablonen und -mustern benutzen, die Sie selbst Ihren Bedürfnissen anpassen. Mit einem kleinen bisschen Kreativität und Mut können Sie sich auf dieser Grundlage praktisch unbegrenzt viele neue Sätze „zusammenbauen“.

Wörterlisten

Die Wörterlisten am Ende des Buches helfen Ihnen dabei. Sie enthalten einen Grundwortschatz von je ca. 1000 Wörtern Deutsch–Persisch und Persisch–Deutsch, mit denen man schon eine ganze Menge anfangen kann.

Umschlagklappe

Die Umschlagklappe hilft, die wichtigsten Sätze und Formulierungen stets parat zu haben. Aufgeklappt ist der Umschlag eine wesentliche Erleichterung, da nun die gewünschte Satzkonstruktion mit dem entsprechenden Vokabular aus den einzelnen Kapiteln kombiniert werden kann.

Wenn alles nicht mehr weiterhilft, dann ist vielleicht das Kapitel „Nichts verstanden? – Weiterlernen!" der richtige Tipp. Es befindet sich ebenfalls im Umschlag, stets bereit, mit der richtigen Formulierung für z. B. „Ich habe leider nicht verstanden." oder „Wie bitte?" auszuhelfen.

Und nun geht's los. Viel Spaß dabei!

Die Sprache

Fārßi, das heute im Iran und in weiten Teilen Afghanistans gesprochene Persisch, gehört der indoeuropäischen Sprachfamilie an. Sie werden dies daran merken, dass Persisch im Satzbau und z. T. im Grundwortschatz dem Deutschen sehr ähnelt.

Beispiele:
mādar = *Mutter*
dochtar = *Tochter*

Nach der Eroberung des Iran durch die Araber 642 n. Chr. hat die persische Sprache viele arabische Wörter aufgenommen. Die arabische Schrift wurde übernommen und um zusätzlich vier Buchstaben zur Darstellung speziell persischer Mitlaute, die im Arabischen nicht vorhanden waren, erweitert. Trotz der Übernahme der arabischen Schrift ist die Aussprache der einzelnen Buchstaben im Persischen zum Teil anders.

Seitenzahlen
Um Ihnen den Umgang mit den Zahlen zu erleichtern, ist auf jeder Seite die Seitenzahl auch auf Persisch angegeben!

Die richtige Schreibweise der arabischen Lehnwörter kann allerdings manchmal Kopfschmerzen bereiten, weil diese persisch ausgesprochen werden und nicht arabisch. Um diese Wörter richtig schreiben zu können, gibt es nur eine gute Lösung, nämlich sie auswendig zu lernen. Hinzu kommt noch, dass es im Persischen für manche Laute zwei oder mehrere gleich klingende Buchstaben gibt, die im Arabischen unterschiedlich ausgesprochen werden.

Die persische Sprache weist wie jede andere Sprache verschiedene Dialekte auf. Hier wird die Aussprache der Teheraner als Maßstab genommen. Dabei ist zwischen der Schriftsprache und der Alltagssprache zu unterscheiden. Die Schriftsprache dient natürlich an erster Stelle zum Schreiben; gesprochen wird sie in Nachrichtensendungen des Rundfunks und Fernsehens, bei öffentlichen Reden oder förmlichen Gesprächen. Die Umgangssprache weicht insofern von der Schriftsprache ab, als einige Vor- und Nachsilben anders ausgesprochen werden, bestimmte Wörter zusammengezogen oder einfach weggelassen werden. Nicht selten entsteht im gesprochenen Wort eine Mischung aus beidem.

Zu den besonders auffälligen Merkmalen der Umgangssprache gehört, dass der lange Selbstlaut آ = ā vor dem Mitlaut ن = n häufig als u ausgesprochen und z. T. auch so geschrieben wird (d. h. mit dem Buchstaben و).

Andere umgangssprachliche Formen sind zwar in schriftlicher Form eher ungebräuchlich, werden aber in diesem Buch dennoch mitaufgeführt und ebenfalls in persischer Schrift wiedergegeben. Allerdings lassen sich nicht alle Ausspracheunterschiede zwischen der Schrift- und der Umgangssprache mit den persischen Buchstaben nachbilden. Bleibt bei unterschiedlich gesprochenen Varianten die persische Schreibung gleich, wird das entsprechende Wort in der Originalschriftzeile auch nur einmal aufgeführt (d. h. in der Lautschrift steht dann ein Schrägstrich, in der persischen Schrift aber nicht).

فرش های گران
farsch·hā·ye gerān
Teppich-Mz-G teuer
die teuren Teppiche

فرش های گرون
farsch·hā·ye gerun
Teppich-Mz-G teuer(U)
die teuren Teppiche

Die umgangssprachlichen Formen stehen alternativ nach einem Schrägstrich und sind in der Wort-für-Wort-Übersetzung mit *(U)* gekennzeichnet. Allerdings können aus Platzgründen nicht alle Sätze auch in umgangssprachlicher Form wiedergegeben werden. Versuchen Sie, diese anhand der Erläuterungen selbst zu bilden. Das übt.

Karte des Iran

Alphabet & Aussprache

Ich möchte Ihnen in Kürze einiges über die Schrift mitteilen, damit Sie zumindest Hinweisschilder, Schlagzeilen in Zeitungen oder die Speisekarte „entschlüsseln“ können. Vielleicht möchten Sie auch mal einen Postkartengruß in fārßi schreiben.

Nachfolgend wird das persische Alphabet, das aus 32 Buchstaben besteht, aufgeführt. Zunächst nenne ich Ihnen den Namen des Buchstaben und in Klammern seine Position im Alphabet sowie in arabischer Schrift die Schreibweise des allein stehenden Buchstabens und seiner Varianten am Wortanfang, in der Wortmitte und am Wortende. Darunter steht die verwendete Lautschrift für den Buchstaben mit weiteren Erklärungen. In der Tabelle finden Sie manchmal mehrere Buchstaben für einen Laut zusammengefasst. Diese werden dann im Persischen – anders als im Arabischen – gleich ausgesprochen.

Beachten Sie, dass eine Reihe von Buchstaben dieselben Grundformen haben, aber durch ein bis drei zusätzliche Pünktchen darüber oder darunter voneinander unterschieden werden. Diese Pünktchen dürfen nicht verwechselt werden, weil sich sonst der Wortsinn ändern kann!

In der arabisch-persischen Schrift werden die Buchstaben ganz überwiegend wie in unserer Schreibschrift miteinander verbunden geschrieben (die Ausnahmen folgen festen Regeln!). Daraus ergeben sich oft verschiedene Buchstabenformen je nach der Position im Wort.

Die zusätzlichen vier Buchstaben im Persischen pe = پ, tsche = چ, je = ژ *und* gāf = گ, *die im Arabischen nicht existieren, sind in der Umschrifttabelle mit einem * gekennzeichnet.*

Handschriftlich wird oft statt zwei Punkten ein - *und statt drei Punkten ein* ^ *gesetzt.*

Da gewisse Buchstaben nicht nach links verbunden werden können (siehe weiter unten), kann man die Anfangs- oder Endformen von Buchstaben durchaus auch im Wortinneren antreffen, nämlich eben immer dort, wo es nach links nicht mehr weitergeht.

Handschriftlich werden che (9) خ, hā (8) ح, tsche (7) چ *und* djim (6) ج *in der Wortmitte und am Wortende so* ـجـ *geschrieben: z. B. in* kodjā کجا *„wo",* kadj کج *„schief".*

Die persischen Buchstaben im Einzelnen

Buchstabe	Ende	Mitte	Anfang	einzeln
alef (1)	ـا	ـا, ا	ا	ا
Dient am Wortanfang als Selbstlautträger: für a in **abr** ابر *Wolke*, für e in **ezdewādj** ازدواج *Heirat*, für o in **otu** اطو *Bügeleisen* Das Zusatzzeichen madd über dem alef (آ) kennzeichnet das lange ā am Wortanfang: **ādam** آدم *Mensch* Zwei kleine Schrägstriche ً (tanwin) über einem alef am Wortende spricht man an: **maßalan** مثلاً *zum Beispiel*				
be (2)	ـب	ـبـ	بـ	ب
b wie in „**B**ier": **bā** با *mit*				
che (9)	ـخ	ـخـ	خـ	خ
ch wie in „Ko**ch**": **chodā** خدا *Gott*				
dāl (10)	ـد	ـد	د	د
d wie in „**d**a": **dāß** داس *Sense*				
djim (6)	ـج	ـجـ	جـ	ج
dj wie in engl. „**j**ob": **djā** جا *Ort, Platz*				
eyn (21)	ـع	ـعـ	عـ	ع
' Leichter Knacklaut in der Kehle (Wortmitte oder Wortende). In der Wortmitte wie der Stimmabsatz in „Be|amter" oder „Ver|ein": **ma'ruf** معروف *berühmt* Am Wortende scharf und kurz abgehackt sprechen: **rob'** ربع *Viertel* Am Wortanfang als Selbstlaut sprechen: a in **akß** عکس *Bild* e in **elm** علم *Wissen* o in **omr** عمر *Leben* ā in **ādat** عادت *Gewohnheit*				

fe (23)	ـف	ـفـ	قـ	ق
f wie in „**f**ein": **fargh** فرق *Unterschied, Scheitel*				
gāf* (26)	ـگ	ـگـ	گـ	گ
g wie in „**G**eld": **garm** گرم *warm*				
Am Wortende weicher: **barg** برگ *Blatt*				
gheyn (22)	ـغ	ـغـ	غـ	غ
ghāf (24)	ـق	ـقـ	قـ	ق
gh: wie ein am Gaumen geriebenes (also nicht gerolltes) „r": **ghurbāghe** قورباقه *Frosch*				
hā (8)	ـح	ـحـ	حـ	ح
he (31)	ـه	ـهـ	هـ	ه
h wie in „**h**eiß": **hab(b)** حب *Tablette*				
Am Wortende klingt der Buchstabe he wie ein kurzes betontes e: **teschne** تشنه *durstig*				
je* (14)	ـژ	ـژ	ژ	ژ
j wie in frz. „bon**j**our": **ejdehā** اژدها *Drache*				
kāf (25)	ـک	ـکـ	کـ	ک
k wie in „**K**ind": **kaf** کف *Schaum*				
lām (27)	ـل	ـلـ	لـ	ل
l wie in „**L**eid: **lāl** لال *stumm*				
mim (28)	ـم	ـمـ	مـ	م
m wie in „**M**ann": **mār** مار *Schlange*				
nun (29)	ـن	ـنـ	نـ	ن
n wie in „**N**atur": **nān** نان *Brot*				
pe* (3)	ـپ	ـپـ	پـ	پ
p wie in „**P**reis": **pā** پا *Fuß, Bein*				
re (12)	ـر	ـر	ر	ر
r wie in „**r**aten": **rāz** راز *Geheimnis*				
ße (5)	ـث	ـثـ	ثـ	ث
ßin (15)	ـس	ـسـ	سـ	س
ßād (17)	ـص	ـصـ	صـ	ص
ß wie in „Bi**ss**": **ßabt** ثبت *Eintragung*				

Nach langem Selbstlaut steht he *allein, weil es nicht nach links verbunden werden kann.* he *wird dann voll ausgesprochen, z. B.:* kuh کوه *„Berg"* schāh شاه *„König"*

Der Buchstabe lām (27) *wird zusammen mit dem langen* ā *als* لا *geschrieben, z. B. in* läle لاله *„Tulpe".*

Die Häkchen bei ßin (15) س *und* schin (17) ش *müssen genau gezählt sein. Oft werden sie durch einen Längsstrich* ـــ *bzw.* ـشـ *ersetzt . Aber Achtung: auch andere Buchstaben werden so „kosmetisch" gelängt.*

schin (16) ـش ـشـ شـ ش
sch wie in „**sch**ön“: **schāch** شاخ *Horn*

te (4) ـت ـتـ تـ ت
tā (19) ـط ـطـ طـ ط
t wie in „**T**ee“: **tā** تا *bis*

tsche* (7) ـچ ـچـ چـ چ
tsch wie in „Deu**tsch**“: **tschāp** چاپ *Druck*

wāw (30) ـو ـو و و
w wie in „**W**asser“: **wazn** وزن *Gewicht*
Als Selbstlaut:
o in **to** تو *du*, u in **kabutar** کبوتر *Taube*
Als Doppelselbstlaut:
ou wie in engl. „g**oa**l“ in **goud** گود *tief*
wāw nach ch gefolgt von ā oder i wird nicht gesprochen: **chānande** خواننده *Sänger/-in*, **chischāwand** خویشاوند *Verwandter*

ye (32) ـی ـیـ یـ ی
y wie in „**j**a“: **yā** یا *oder.*
Als langer Selbstlaut i am Wortanfang: **irān** ایران *Iran*, in der Wortmitte und am Wortende **bini** بینی *Nase*, sowie als Doppelselbstlaut ey wie in engl. „m**a**de“: **key** کی *wann*
Bei Folgen von zwei ye kann das erste durch ein hamze ء ersetzt werden, welches über das ye gesetzt wird. Das zweite wird dann als i ausgesprochen. *Tee* kann also wie folgt geschrieben werden:
tschāyi چایی, **tschā'i** چائی, **tschāy** چای

zāl (11) ـذ ـذ ذ ذ
ze (13) ـز ـز ز ز
zād (18) ـض ـضـ ضـ ض
zā (20) ـظ ـظـ ظـ ظ
z stimmhaft wie in „**S**eide“: **zāt** ذات *Wesen*

Das Wort wa و *„und“ besteht nur aus dem Buchstaben* wāw. *Bei Wortzusammensetzungen wird es meist* o *ausgesprochen. Am Wortanfang immer* wa *ausprechen!*

Handschriftlich wird ye (32) *am Wortende meistens wie folgt*  *geschwungen geschrieben.*

Das Zeichen hamze ء *dient entweder als stummer Selbstlaut-träger oder als Mitlaut und wird im letzteren Fall ebenso wie* ع = ' *ausgesprochen:* ßo'āl سؤال *„Frage“.*

Schreibregeln

Die arabisch-persische Schrift kennt keine Groß-und Kleinschreibung oder Blockschrift. Zur Wortbildung werden die Buchstaben von rechts nach links miteinander verbunden und gelesen. Ausnahmen bilden die folgenden Buchstaben, die nicht nach links verbunden werden können.

ا	a	از	**az**	von, aus, seit
آ	ā	آب	**āb**	Wasser
د	d	آرد	**ārd**	Mehl
ز	z	آزاد	**āzād**	frei
ر	r	در	**dar**	Tür; in
ذ	z	آذر	**āzar**	9. Monat *(iran. Kalender)*
ژ	j	دژ	**dej**	Festung, Burg
و	w	آواز	**āwāz**	Lied, Gesang

Doppelte Mitlaute werden mit dem Zusatzzeichen taschdid *ّ über dem entsprechenden Buchstaben gekennzeichnet. Eine Verdopplung des Buchstabens ist daher nicht nötig:* ammā امّا *„aber". In unserer Lautschrift wird der betreffende Buchstabe aber dennoch doppelt geschrieben.*

āzar *ist auch ein Mädchenname*

lange Selbstlaute

ā dunkler als in „**Ra**sen", eher wie in (amerikan.-)engl. „**car**": **chām** خام *unreif*; Wortanfang: alef (1) ا + آ = آ **āb** آب *Wasser*; Wortende: **chodā** خدا *Gott*; Wortmitte: **āzād** آزاد *frei*

u wie in „M**u**sik": **musch** موش *Maus*; Wortanfang: alef ا + wāw (30) و = او او **u** *er, sie*; Wortmitte / -ende: wāw (30) و **ghu** قو *Schwan*, **pußt** پوست *Haut, Schale*

i wie in „**I**dee“: **schir** شیر *Milch, Löwe*;
Wortanfang: alef (1) ا + ye (32) ی (bzw. als Anfangsform ﯾ) = ای: **imān** ایمان *Glaube*
Wortmitte: ye (32) ی: **ßini** سینی *Tablett*
Wortende: ebenfalls ye (32) ی:
chāli خالی *leer*,
oder alef (1) ا + ye (32) ی = ای
nāme'i نامه‌ای *(irgend)ein Brief*

kurze Selbstlaute

Diese arabischen Hilfszeichen heißen fathe *(für das* a*),* kaßre *(für das* e*) und* zamme *(für das* o*). Allerdings werden sie, wie auch das Zeichen für die Verdopplung von Mitlauten* taschdid ّ *und oft auch das* hamze ء*, im Persischen nur selten geschrieben. Sie stehen dann nur zur Vermeidung von Missverständnissen.*

Kurze Selbstlaute werden meist nicht geschrieben, manchmal aber doch mit speziellen Vokalzeichen markiert.

a norddeutsches „a“ wie in „k**a**lt“:
gard گَرد *Staub* (kurzer Schrägstrich oben)

e offen wie in „H**e**ft“: **gerd** گِرد *rund*
(kurzer Schrägstrich unten)

o offen wie in „**o**ft“: **gord** گُرد *Held*
(kleines wāw (30) darüber)

Merke: Der lange Vokal ā darf nicht mit dem kurzen a verwechselt werden, da es sonst leicht zu Missverständnissen kommen kann:

خار	**chār**	Dorn	خر	**char**	Esel
باد	**bād**	Wind	بد	**bad**	schlecht
تاب	**tāb**	Schaukel	تب	**tab**	Fieber
چاپ	**tschāp**	Druck, Auflage	چپ	**tschap**	links
ماست	**māßt**	Joghurt	مست	**maßt**	betrunken

Betonung

Im Allgemeinen wird die letzte Silbe eines Wortes betont. Bestimmte Vorsilben wie be oder mi sowie die Verneinung na bzw. ne, ni ziehen jedoch die Wortbetonung auf sich.

Wörter, die weiterhelfen

Um die Anwendung hilfreicher Ausdrücke wie „Wo ist ... ?“, „Ich möchte ...“, „Haben Sie ... ?“ oder „Was kostet ... ?“ zu erklären, bedarf es eigentlich einer näheren grammatikalischen Erläuterung.

Es wird Sie aber an dieser Stelle weiterbringen, wenn Sie folgende Ausdrücke erst einmal anwenden, ohne sich um die Grammatik zu kümmern. Suchen Sie sich aus der Vokabelliste Hauptwörter aus, die für Sie in Frage kommen und setzen Sie sie entsprechend den folgenden Beispielen ein:

هتل کجا است / کجاست؟
hotel kodjā aßt / kodjā-ßt?
Hotel wo ist / wo-ist(U)
Wo ist das Hotel?

Wörter, die weiterhelfen

Hinweis zu den Tabellen im Buch: Da die persische Schrift von rechts nach links läuft, steht bei Wörtern, die in der Lautschrift durch einen Schrägstrich getrennt sind, das erste von diesen in der Originalschrift ganz rechts und alle anderen links davon (also spiegelverkehrt gegenüber der Lautschrift)!

من اتاق میخواهم / میخام.
man otāgh mi·chāh·am / mi·chā·m.
ich Zimmer will(ich) / will(ich)(U)
Ich möchte ein Zimmer.

شما اتاق دارید / دارین؟
schomā otāgh dār·id / dār·in?
ihr Zimmer habt(ihr) / habt(ihr)(U)
Haben Sie ein Zimmer?

اتاق چند میشود / میشه؟
otāgh tschand mi·schaw·ad / mi·sch·e?
Zimmer wie-viel wird(es) / wird(es)(U)
Was kostet das Zimmer?

© MDj

Bücherstraße in Teheran

Hauptwörter

Die Hauptwörter (Substantive) im Persischen haben kein Geschlecht. Es gibt keinen bestimmten Artikel („der, die, das“).

عروس	**aruß**	die Braut, Schwiegertochter
داماد	**dāmād**	der Bräutigam, Schwiegersohn
شوهر	**schouhar**	der Ehemann
آقا	**āghā**	der Herr
خانم / زن	**chānom / zan**	die (Ehe-)Frau
مرد	**mard**	der Mann
پسر	**peßar**	der Junge, Sohn
دختر	**dochtar**	das Mädchen, die Tochter
aber: همسر	**ham-ßar**	der Ehemann, die Ehefrau

Ein Hauptwort gilt dann als „bestimmt“, wenn es durch den Kontext oder als allgemeingültige Aussage dem Hörer / Leser bereits bekannt ist. Das Persische hat dafür, anders als das Deutsche, kein standardmäßiges grammatisches Ausdrucksmittel. Allerdings kann man mit den hinweisenden Fürwörtern in *dieser* und ān *jener* gewissermaßen ersatzweise doch grammatische Bestimmtheit andeuten:

این دوربین	آن باغ
in dur-bin	**ān bāgh**
dieser Fotoapparat	jener Garten

Beispiele:

pandjere bāz aßt.
= Das Fenster ist offen.

waght talā aßt.
= (Die) Zeit ist Gold.

Anmerkung zur **Wortstellung** *im persischen Satz: Die einzige weitgehend feste Position nimmt die Satzaussage (das Prädikat) ein. Diese steht fast immer am Satzende.*

Für -e / -ye steht in der Wort-für-Wort-Zeile „-G“ (d. h. Genitiv).

Ist die Angabe des Geschlechts notwendig, so wird es durch Anhängen von mard *Mann*, zan *Frau*, peßar *Junge* sowie dochtar *Mädchen* angezeigt. Die Verbindung wird durch die unbetonte Endung -e / -ye hergestellt (Näheres dazu im weiteren Verlauf dieses Kapitels):

مسافر مرد
moßāfer·e mard
Reisender-G Mann
der Reisende

فروشنده ی زن
foruschande·ye zan
Verkäufer-G Frau
die Verkäuferin

دوست دختر
dußt·e dochtar
Freund-G Mädchen
die Freundin

دوست پسر
dußt·e peßar
Freund-G Junge
der Freund

Tiere

Bei Tieren kann das Geschlecht mit nar *männlich* und māde *weiblich* verdeutlicht werden.

خوک	**chuk**	das Schwein
خوک نر	**chuk·e nar**	der Eber
خوک ماده	**chuk·e māde**	die Sau
سگ	**ßag**	der Hund
سگ نر	**ßag·e nar**	der Rüde
سگ ماده	**ßag·e māde**	die Hündin
مرغ	**morgh**	das Huhn, die Henne
aber: خروس	**choruß**	der Hahn

unbestimmter Artikel

Es gibt im Persischen keinen unbestimmten Artikel. Der deutsche unbestimmte Artikel („ein, eine") kann aber durch ein angehängtes unbetontes -i oder durch die vorgestellte Zahl yek *eins* ausgedrückt werden:

Es können auch beide Formen kombiniert vorkommen yek mard·i = *(irgend)ein Mann*

مردی	**mard·i**	(irgend)ein Mann
یک مرد	**yek mard**	ein Mann

In der Lautschrift werden der unbestimmte Artikel und die verschiedenen Mehrzahlendungen durch ein Pünktchen angezeigt.

Mehrzahl (Plural)

Zur Mehrzahlbildung wird die Nachsilbe -hā angehängt (in der Wort-für-Wort-Zeile: *Mz*):

توپ	**tup**	der Ball	توپ ها	**tup·hā**	die Bälle
کاخ	**kāch**	der Palast	کاخ ها	**kāch·hā**	die Paläste

Bei einigen Wörtern kommt auch die Endung -ān vor, z. B. bei Lebewesen (einschließlich Pflanzen) und Körperteilen. Endet ein Wort auf -e, wird vor -ān ein -g- eingefügt. Dabei entfällt dann der Buchstabe ه he in der Schrift. Bei Wörtern auf -ā, -i oder -u wird schließlich der Laut -y- vor -ān gesetzt.

چشم ها / چشمان	**tscheschm·hā / tscheschm·ān**	die Augen
کودک ها / کودکان	**kudak·hā / kudak·ān**	die Kinder
پرنده ها / پرندگان	**parande·hā / parande·gān**	die Vögel
آقا ها / آقایان	**āghā·hā / āghā·yān**	die Herren
ایرانی ها / ایرانیان	**irāni·hā / irani·yan**	die Iraner
دانشجو ها / دانشجو یان	**dānesch-dju·hā / dānesch-dju·yān**	die Studenten

Wenn ein Wort auf zwei Mitlaute endet, wird in der Umgangssprache vereinfacht:
tscheschm·hā = tschesch·hā *Augen*
daßt·hā = daß·hā *Hände*
dußt·hā = duß·hā *Freunde*
pußt·hā = puß·hā *Häute*

Dann gibt es noch die arabischen Mehrzahlformen bei Lehnwörtern. Bleiben Sie ruhig bei -hā, das ist immer richtig. Dennoch hier ein paar Beispiele:

ettelā' – ettelā'·āt
Information – -tionen

moßāfer – moßāfer·in
Reisender – Reisende

dāru – dāru·djāt
Arznei – Arzneien

Nach Zahlwörtern steht das Hauptwort immer in der Einzahl (Singular):

یک سنگ	**yek ßang**	ein Stein
دو سنگ	**do ßang**	zwei Steine

Ebenso kann man die Einzahl statt der Mehrzahl benutzen, wenn es sich um allgemeine Feststellungen, eine unbestimmte Menge, Körperteile oder Ergänzungen der Satzaussage (des Prädikats) handelt:

قیمت خانه در لندن خیلی بالا است.
gheymat·e chāne dar landan cheyli bālā aßt.
Preis-G Haus in London sehr hoch ist(er)
Die Häuserpreise in London sind sehr hoch.

من کفش زیاد دارم.
man kafsch ziyād dār·am.
ich Schuh viel habe(ich)
Ich habe viele Schuhe.

دستم تمیز است.
daßt·am tamiz aßt.
Hand-mein sauber ist(sie)
Meine Hände sind sauber.

ما خلبان هستیم.
mā chal(a)-bān haßt·im.
wir Pilot sind(wir)
Wir sind Piloten.

Eigenschaftswörter bleiben ebenfalls in der Einzahl, wenn das Bezugswort in der Mehrzahl steht:

طوطی های / بلبل های زیبا / خوشگل
tuti·hā·ye / bolbol·hā·ye zibā / choschgel
Papagei-Mz-G / Nachtigall-Mz-G schön / schön
die schönen Papageien / Nachtigallen

ezāfe-Verbindung

Wie schon wiederholt am Rande angedeutet, können mit Hilfe der so genannten ezāfe-Konstruktion („Hinzufügung"), d. h. der unbetonten Endung -e / -ye, die an ein Hauptwort antritt, verschiedene nähere Bestimmungen (Attribute) mit diesem verbunden werden. Ein solches Attribut kann ein Hauptwort, ein Eigenschaftswort, ein Umstandswort, ein Fürwort, ein Partizip (Mittelwort) der Vergangenheit oder ein Zahlwort sein. Es handelt sich bei dieser Konstruktion also keineswegs immer um einen Genitiv im Sinne des Deutschen.

Zur Schrift: Die Variante -e *wird nicht geschrieben (nur gelegentlich umgangsschriftlich), und* -ye *wird zumeist durch* ی *wiedergegeben. In Wörtern, die auf* -e *(geschrieben als* ه he*) enden, kann man zur Wiedergabe von* -ye *auf das* ه *auch ein Hamze* ء *setzen, anstatt* ی *zu schreiben. Nach* ی -i *als Endvokal wird* -ye *gar nicht geschrieben (dennoch aber ausgesprochen).*

In der Lautschrift steht vor der ezāfe-*Endung stets ein Pünktchen.*

آب دریا
āb·e daryā
Wasser-G Meer
das Wasser des Meeres

لانهٔ پرنده
lāne·ye parande
Nest-G Vogel
das Nest des Vogels

پل قشنگ
pol·e ghaschang
Brücke-G schön
die schöne Brücke

سال اول
ßāl·e awwal
Jahr-G erstes
das erste Jahr

ماه گذشته
māh·e gozaschte
Monat-G vergangen
der vergangene Monat

راه دور
rāh·e dur
Weg-G weit
der weite Weg

بالای کمد
bālā·ye komod
oben-G Schrank
oben auf dem Schrank

زیر پتوی گرم
zir·e patu·ye garm
unter-G Decke-G warm
unter der warmen Wolldecke

پری خوب
pari·ye chub
Fee(Mädchenname)-G gut
die gute Pari

پول من
pul·e man
Geld-G ich
mein Geld

Bei manchen feststehenden Wortzsammensetzungen entfällt -e / -ye:
ßorch-pußt *Indianer*
hezār-pā *Tausendfüßler*
ßang-del *hartherzig*

ezāfe-Verbindungen können auch aneinander gereiht werden:

درخت لانهٔ پرنده
deracht·e lāne·ye parande
Baum-G Nest-G Vogel
der Baum des Nestes des Vogels

Wenfall (Akkusativ)

Der 4. Fall wird durch das Element rā gebildet, das dem bestimmten direkten Objekt folgt. Es wird meist als einzelnes Wort geschrieben, bei Fürwörtern aber auch als Endung. Bei mehreren aufeinanderfolgenden -e-ye-Verbindungen wird rā an das letzte Wort gesetzt. Im Plural steht rā nach der Mehrzahlendung. Ist das Hauptwort unbestimmt, steht rā ebenfalls an letzter Stelle. In diesem Fall wird etwas Unbestimmtes zu „einem gewissen XY", also sozusagen „halb-bestimmt" gemacht.

in der Wort-für-Wort-Zeile mit „4" wiedergegeben

Auch vor rā steht in der Lautschrift ein Pünktchen.

Der Wemfall (Dativ) wird im Kapitel „Persönliche Fürwörter" vorgestellt.

او نامه را نوشت.

u nāme rā newescht.

er Brief 4 schrieb(er)

Er schrieb den Brief.

او بچه ها را بیدار کرد.

u batschtsche·hā rā bidār kard.

sie Kind-Mz 4 wach machte(sie)

Sie weckte die Kinder.

پری دزدی را دید.

pari dozd·i rā did.

Fee Dieb-ein 4 sah

Pari sah einen (gewissen) Dieb.

Eigenschaftswörter

Das Eigenschaftswort bleibt in Fall, Geschlecht und Zahl unverändert. Es wird mit Hilfe von -e / -ye hinter das Hauptwort gesetzt.

چمدان سنگین
tschamadān·e ßangin
Koffer-G schwer
der schwere Koffer

موی قشنگ
mu·ye ghaschang
Haar-G schön
das schöne Haar

شاعر بزرگ
schā'er·e bozorg
Dichter-G groß
der große Dichter

پالتوی گرم
pālto·ye garm
Mantel-G warm
der warme Mantel

Auch bei Hauptwörtern in der Mehrzahl bleibt das Eigenschaftswort in der Einzahl:

بطری های خالی
botri·hā·ye chāli
Flasche-Mz-G leer
die leeren Flaschen

بچه های لوس
batschtsche·hā·ye luß
Kind-Mz-G frech
die frechen Kinder

Folgen mehrere Eigenschaftswörter, wird zwischen alle Wörter ein -e / -ye gesetzt:

دوست / دوس عزیز خوب من
dußt·e / dußß·e aziz·e chub·e man
Freund-G / (U) lieb-G gut-G ich
mein(e) lieber (-e) guter (-e) Freund(in)

قصرهای زیبای معروف ایران / ایرون
ghaßr·hā·ye zibā·ye ma'ruf·e irān / irun
Schloss-Mz-G schön-G berühmt-G Iran / Iran(U)
die schönen berühmten Schlösser Irans.

Eigenschaftswörter bilden

Durch Anfügen eines betonten -i an ein Hauptwort lassen sich Eigenschaftswörter bilden:

آب	**āb**	Wasser
آبی	**ābi**	blau
نارنج	**nārandj**	Orange
نارنجی	**nārandji**	orangefarben
خاکستر	**chākeßtar**	Asche
خاکستری	**chākeßtari**	grau
صورت	**ßurat**	Gesicht
صورتی	**ßurati**	rosa
قهوه	**ghahwe**	Kaffee
قهوای	**ghahweyi**	braun
زمستان	**zemeßtān**	Winter
زمستانی	**zemeßtāni**	winterlich
آلمان	**ālmān**	Deutschland
آلمانی	**ālmāni**	deutsch
پشم	**paschm**	Wolle
پشمی	**paschmi**	wollig
چرم	**tscharm**	Leder
چرمی	**tscharmi**	ledern

In der Umgangssprache wird in einigen Haupt- und Eigenschaftswörtern usw., die mit ān *beginnen oder enden, diese Silbe oft als* un *ausgesprochen, d. h. der lange Selbstlaut* ā *wird vor einem Mitlaut zu* u. *Dies gilt auch für Wörter, die auf* -dān *oder* -tān *enden. Aber Vorsicht: Es ändert sich zwar umgangssprachlich* irāni *in* iruni *(„iranisch"), aber* ālmāni *(„deutsch") bleibt auch in der Umgangssprache unverändert. Ebenso bleibt bei manchen Wörtern mit der Mehrzahlendung* -ān *diese gleich, z. B.* daßt·ān *(„Hände"). Unveränderlich bleibt* -ān *auch, wenn es bereits ein anderes (ansonsten lautgleiches) Wort mit* -un *gibt z. B.* chān *(„Fürst"),* chun *(„Blut").*

Endet ein Wort auf -e *(im Schriftbild der Buchstabe* he*), wird vor das* -i *noch ein* g *gesetzt.*

Ebenso lassen sich durch das betonte -i viele abstrakte Hauptwörter aus Eigenschaftswörtern sowie aus anderen Hauptwörtern bilden.

خوب	**chub**	gut
خوبی	**chubi**	Güte
خسته	**chaßte**	müde
خستگی	**chaßtegi**	Müdigkeit
آزاد	**āzād**	frei
آزادی	**āzādi**	Freiheit
تنبل	**tambal**	faul
تنبلی	**tambali**	Faulheit
گرسنه	**goroßne**	hungrig
گرسنگی	**goroßnegi**	Hunger
تشنه	**teschne**	durstig
تشنگی	**teschnegi**	Durst
عروس	**aruß**	Braut
عروسی	**arußi**	Hochzeit
دزد	**dozd**	Dieb
دزدی	**dozdi**	Diebstahl

Viele Ausdrücke, die im Deutschen Eigenschaftswörter sind, werden im Persischen aus einem Hauptwort mit Hilfe des Verhältniswortes bā *mit* oder bi *ohne* gebildet:

وفا	**wafā**	Treue
با وفا	**bā-wafā**	treu
بی وفا	**bi-wafā**	untreu, treulos
نمک	**namak**	Salz
با نمک	**bā-namak**	gesalzen*
بی نمک	**bi-namak**	ungesalzen

**auch ironisch: „Wie witzig / niedlich!“*

هوش	**husch**	Intelligenz
با هوش	**bā-husch**	intelligent
بی هوش	**bi-husch**	dumm, ohnmächtig
پول	**pul**	Geld
با پول	**bā-pul**	reich*
بی پول	**bi-pul**	arm**
ادب	**adab**	Höflichkeit
با ادب	**bā-adab**	höflich

auch „Bewusstsein"

* *auch* ßerwatmand *„reich, wohlhabend" (von* ßerwat *„Reichtum, Vermögen"),*
** *auch* faghir *„arm, mittellos"*

Persönliche Fürwörter

Im Persischen ist es besser, Sie duzen nicht, denn gewöhnlich wird gesiezt, aus Höflichkeit und Respekt auch in der Familie, unter Freunden und Verwandten. Sogar Kinder und Jugendliche werden gesiezt. Darum wird schomā als gebräuchliche Anrede benutzt. Sprechen Sie über einen einzelnen Dritten, ist ischān (im Prinzip die 3. Person *Mehrzahl*) die höflichere Form.

ischān *bezieht sich im heutigen Persisch auch auf einzelne Personen, erfordert aber beim Verb die Mehrzahl!*

من	**man**	ich
تو	**to**	du
او (ایشان)	**u (ischān)**	er / sie
ما	**mā**	wir
شما	**schomā**	ihr / Sie
آنها (ایشان)	**ān·hā (ischān)**	sie *(Mz)*

Für Dinge bzw. als sächliches „es" benutzt man stattdessen das hinweisende Fürwort in *(„diese/-r/-s") bzw.* ān (un) *(„jene/-r/-s").*

Die Beugung der Fürwörter erfolgt analog zur Beugung der Hauptwörter.

Wesfall (Genitiv)

Der zweite Fall wird, wie bereits gelernt, durch die ezāfe-Verbindung (-e / -ye) gebildet.

پایتخت کشور
pāyetacht·e keschwar
Hauptstadt-G Land
die Hauptstadt des Landes

Wemfall (Dativ)

Der 3. Fall (Antwort auf „wem?“) wird mit Hilfe des Verhältniswortes be *nach, zu* gebildet. Aber auch bā *mit* oder az *von, aus* können einem deutschen Dativ entsprechen. be wird oft mit dem nachfolgenden Wort (vielfach einem Fürwort) zusammengeschrieben, wobei in der Schrift dann der Buchstabe he entfällt.

nämlich bei der Ergänzung dieser Verhältniswörter

Auch hierbei steht in der Lautschrift ein Pünktchen.

به من	**be man**	mir
به تو	**be to**	dir
به پدر	**be pedar**	dem Vater
به پیر زن	**be pir·e zan**	der alten Frau

هما به من پول داد.
homā be man pul dād.
Homā zu ich Geld gab(er)
Homā gab mir Geld.

با تو	شعر از او است / اوست.
bā to	**sche'r az u aßt / u-ßt.**
	Gedicht von er ist(es)
mit dir	Das Gedicht ist von ihm.

Wenfall (Akkusativ)

Umgangssprachlich kann rā vor allem (aber nicht nur) in Kombination mit dem persönlichen Fürwort Sonderformen erhalten:

In Verbindung mit den persönlichen Fürwörtern wird rā oft als eine Endung interpretiert.

من را / مرا	**man·rā / ma·rā**	mich
مرو / منو	**ma·ro** *(U)* **/ man·o** *(U)*	
تورا	**to·rā**	dich
تورو	**to·ro** *(U)*	
اورا	**u·rā**	ihn / sie
اورو / اونو	**u·ro** *(U)* **/ un·o** *(U)*	
ما را	**mā·rā**	uns
ما رو	**mā·ro** *(U)*	
شما را	**schomā·rā**	euch / Sie
شما رو	**schomā·ro** *(U)*	
ایشان را	**ischān·rā**	ihn / sie /
ایشان رو / ایشون رو /	**ischān·ro** *(U)* **/ ischun·ro** *(U)* **/**	sie *(Mz)*
ایشونو	**ischun·o** *(U)*	
آنها را	**ān·hā rā**	sie *(Mz)*
آنها رو /	**ān·hā ro** *(U)* **/**	
اونها رو / اونا رو	**un·hā·ro** *(U)* **/ un·ā·ro** *(U)*	

Hinweisende Fürwörter

Für Tiere und Sachen, aber auch für Personen wird in der 3. Person Einzahl und 3. Person Mehrzahl das hinweisende Fürwort in *dieser* bzw. ān *jener* gebraucht.

1. Fall:	آن / این	**ān / in**	er / sie / es
	آنها / اینها	**ān·hā / in·hā**	sie *(Mz)*
3. Fall:	به آن / به این	**be ān / be in**	ihm / ihr
	به آنها / به اینها	**be ān·hā / be in·hā**	ihnen
4. Fall:	آن را / این را	**ān rā / in rā**	ihn / sie / es
	آنها را / اینها را	**ān·hā rā / in·hā rā**	sie *(Mz)*

Umgangssprachlich kann man in·ā *bzw.* un·ā *anstelle von* in·hā *bzw.* ān·hā *sagen. Ebenso sagt man* dann·in·ā·ro *statt* in·hā rā, *und* un·ā·ro *statt* ān·hā rā.

Soll ān bzw. in besonders hervorgehoben werden, steht vor ihm die Partikel ham *eben, auch.*

همین ستاره	**ham·in ßetāre**	genau dieser Stern
همان گل	**ham·ān gol**	genau jene Blume

ham kommt aber auch als alleinstehendes Wort vor.

من هم با شما میایم/ میام.
man ham bā schomā mi·āy·am / mi·y·ām.
ich auch mit ihr komme(ich) / komme(ich)(U)
Ich komme auch mit euch.

Außerdem steht es in zusammengesetzten Wörtern, z. B. ham-kār *(Mitarbeiter)* und ham-ßen *(Gleichaltriger)*.

Besitzanzeigende Fürwörter

Wie bereits weiter oben erwähnt, dienen die persönlichen Fürwörter, die durch -e/-ye-Verbindung dem Hauptwort nachgestellt werden, als besitzanzeigende Fürwörter:

شلوار من	گربهٔ من
schalwār·e man	**gorbe·ye man**
Hose-G ich	*Katze-G ich*
meine Hose	meine Katze

Mit māl *Besitz* kann man ebenfalls auf ein Besitztum hinweisen:

مال من	**māl·e man**	meines / das meinige
مال تو	**māl·e to**	deines / das deinige

Auch die Personalendungen werden in allen ihren Verwendungen durch Pünktchen gekennzeichnet.

Im Allgemeinen wird jedoch das Besitzverhältnis durch die folgenden Personalendungen, die übrigens nicht nur zur Besitzanzeige dienen, zum Ausdruck gebracht:

ام-	**-am**	mein(-e); mir, mich
ات-	**-at**	dein(-e); dir, dich
اش-	**-asch**	sein(-e), ihr(-e); ihm, ihn, ihr, sie
امان-	**-emān**	unser(-e); uns, uns
اتان-	**-etān**	euer (eure); euch, euch; Ihnen, Sie
اشان-	**-eschān**	ihr(-e) *(Mz);* sie, ihnen

لباسم	**lebāß·am**	mein Kleid
جورابت	**djurāb·at**	dein Strumpf
جارویش	**djāru·yasch**	sein / ihr *(Ez)* Besen
کشتی‌مان	**keschti·yemān**	unser Schiff
کتابهایتان	**ketāb·hā·yetān**	eure Bücher
خانه هایشان	**chāne·hā·yeschān**	ihre *(Mz)* Häuser

Nach Wörtern, die auf Selbstlaut enden, wird vor diesen Endungen noch ein -y- als Übergangslaut eingefügt.

In der Umgangssprache wird häufig die 2. Person Einzahl zu -et und die 3. Person Einzahl zu -esch. Die umgangssprachliche Umwandlung von -ān zu -un findet auch hier statt, und zwar bei den Mehrzahlendungen. Daraus ergeben sich dann die Formen -emun, -etun und -eschun. Ferner kann der Anfangslaut der Personenendungen entfallen, wenn das Wort, an das diese gehängt werden, auf einen langen Vokal endet. Das -y-, das bei zwei aufeinander folgenden Vokalen üblicherweise eingefügt wird, entfällt dann auch.

موی من / موم	**mu·ye man / mu·m**	mein Haar
دوای او / دواش	**dawā·ye u / dawā·sch**	sein Medikament
قیچی تو / قیچیت	**gheytschi·ye to / gheytschi·t**	deine Schere

Bei -e/-ye-Verbindungen wird das besitzanzeigende Fürwort an das letzte Wort gehängt.

کوله پشتی قدیمی زرد من

kule-poschti·ye ghadimi·ye zard·e man

Rucksack-G alt-G gelb-G ich

mein alter gelber Rucksack

Rückbezügliche Fürwörter

Mit Hilfe von chod, an das die bereits im Kapitel „Persönliche Fürwörter“ vorgestellten Personalendungen angefügt werden, erhält man das rückbezügliche Fürwort „sich“ bzw. „selbst“ (oder auch rückbezüglich-besitzanzeigend „eigenes“).

خودم اورا / اونو آنجا / اونجا دیدم.
chod·am u·rā / un·o ān·djā / un·djā did·am.
eigen-mein er-4 / er-4(U) dort / dort(U) sah(ich)
Ich selbst / persönlich sah ihn dort.

من خودم را در آئینه میبینم.
man chod·am rā dar ā'ine mi·bin·am.
ich selbst-mein 4 in Spiegel sehe(ich)
Ich sehe mich selbst im Spiegel.

ما با ماشین خودمان میاییم.
mā bā māschin·e chod·emān mi·āy·im.
wir mit Auto-G eigen-unser kommen(wir)
Wir kommen mit unserem eigenen Auto.

© MDj

Iranisches Reisebüro

Unbestimmte Fürwörter

Wie bereits im Kapitel „Hauptwörter" erwähnt, kann grammatische Unbestimmtheit durch die Nachsilbe -i oder vorangestelltes yek *eins* ausgedrückt werden. Auf diese Weise bildet man auch unbestimmte Fürwörter:

Auch hier tritt nach auslautendem Selbstlaut die ausspracheerleichternde Variante -yi auf.

(یک) جایی	**(yek) djā·yi**	irgendwo (djā *Ort*)
(یک) کسی	**(yek) kaß·i**	(irgend)jemand (kaß *Person*)
(یک) چیزی	**(yek) tschiz·i**	(irgend)etwas (tschiz *Sache, Ding*)
(یک) کمی	**(yek) kam·i**	ein wenig, etwas (kam *wenig*)
یکی	**yek·i**	einer, jemand

یکی در میزند / میزنه.

yek·i dar mi·zan·ad / mi·zan·e.

eins-ein Tür schlägt(er) / schlägt(er)(U)

Jemand klopft an die Tür.

In negativen Sätzen bedeutet djā·yi „nirgendwo", kaß·i „niemand", und tschiz·i „nichts".

کسی در اتاق نیست.

kaß·i dar otāgh nißt.

jemand-ein in Zimmer nicht-ist(er)

Es ist niemand im Zimmer.

من جایی نمیروم / نمیرم.
man djā·yi ne·mi·raw·am / ne·mi·r·am.
ich Ort-ein nicht-gehe(ich) / (U)
Ich gehe nirgendwohin.

من چیزی نمیخواهم / نمیخام.
man tschiz·i ne·mi·chāh·am / ne·mi·chā·m.
ich Ding-ein nicht-will(ich) / (U)
Ich möchte nichts.

har – jeder

har bedeutet „jede/-r/-s“ und muss mit einem Bezugswort verwendet werden. An dieses kann auch die Unbestimmtheitsendung -i antreten.

هر شخص / هر شخصی	**har schachß / har schachß·i**	jeder, jedermann *(jede Person)*
هرکی / هرکه	**har ki / har ke**	wer auch immer
هرچیز / هرچیزی / هرچه	**har tschiz / har tschiz·i / har tsche**	was / wie auch immer *(jedes Ding)*
هرجا / هرجایی	**har djā / har djā·yi**	wo auch immer *(jeder Ort)*
هرکدام / هرکدوم	**har kodām / har kodum** *(U)*	welche(r) auch immer

هر روز آفتابی بود.
har ruz āftābi bud.
jeder Tag sonnig war(er)
Jeden Tag schien die Sonne.

Umgangssprachlich verwandeln auch manche Wörter, die auf -ām enden, den Vokal ā zu u, z. B. kodām = kodum „welcher/-e/-s“.

hitsch – nichts

Umgangssprachlich wird oft hisch *statt* hitsch *gesagt.*

In negativen Sätzen und als Hervorhebung der Verneinung kann hitsch z. B. „nichts" oder „überhaupt kein" bedeuten. Die unbestimmte Endung -i kann auch noch hinzutreten.

هیچ کس /	**hitsch kaß /**	niemand, keine(r)
هیچ کسی	**hitsch kaß·i**	*(nichts Person)*
هیچ وقت /	**hitsch waght /**	nie(mals)
هیچ وقتی	**hitsch waght·i**	*(nichts Zeit;* waght *Zeit, Stunde; ugs. oft* wacht*)*
هیچ جا /	**hitsch djā /**	nirgendwo
هیچ جایی	**hitsch djā·yi**	*(nichts Ort)*
هیچ چیز /	**hitsch tschiz /**	nichts
هیچ چیزی /	**hitsch tschiz·i /**	*(nichts Ding)*
هیچی	**hitsch-tschi** *(U)*	

هوا امروز هیچ خوت نیست.
hawā emruz hitsch chub nißt.
Wetter heute nichts gut nicht-ist(es)
Das Wetter ist heute überhaupt nicht gut.

In Fragen bedeutet hitsch auch „vielleicht":

هیچ میدانی / میدونی / او کجا است/ کجاست؟
hitsch mi·dān·i / mi·dun·i u kodjā aßt / kodjā-ßt?
nichts weißt(du) / weißt(du)(U) er wo ist(er) / wo-ist(er)(U)
Weißt du vielleicht / überhaupt, wo er ist?

hame – alle

hame *(alle, alles)* kann als Fürwort, aber auch als Umstandswort vorkommen:

همه در هتل هستند / هتلن.
hame dar hotel haßt·and / hotel·an.
alle in Hotel sind(sie) / Hotel-sind(sie)(U)
Alle sind im Hotel.

همه چیز / همه چی آماده است.
hame tschiz / hame tschi āmāde aßt.
alles Ding / alles Ding(U) fertig ist(es)
Alles ist fertig / steht bereit.

Umgangssprachlich kann tschiz *in Verbindung mit* har, hitsch *oder* hame *zu* tschi *werden.*

همه جا تاریک بود.
hame djā tārik bud.
alle Ort dunkel war(er)
Überall war es dunkel. / Alles war dunkel.

Āli-Qāpu-Palast, Isfahan

Das Wörtchen „digar“ & Verdopplungen

Digar *anderes* ist ein wichtiges Wörtchen im Persischen und wird dementsprechend oft benutzt. digar kann als alleinstehendes unbestimmtes Fürwort auftreten, aber auch u. a. im Sinne von „kein(e) ... mehr“, „nicht mehr“, „noch“, „schon“. In der Umgangssprache sagt man dann dige.

دیگر	**digar**	andere(-r, -s)
دیگری	**digar·i**	ein(e) andere(-r, -s)

من دیگه حوصله ندارم.
man dige houßele na·dār·am.
ich anderes Geduld nicht-habe(ich)
Ich habe keine Lust mehr.

او دیگه چی گفت؟
u dige tschi goft?
er anderes was sagte(er)
Was hat er noch gesagt?

او دیگه چیزی نگفت.
u dige tschiz·i na·goft.
er anderes Ding-ein nicht-sagte(er)
Er hat nichts mehr gesagt.

تو دیگه چیزی لازم داری / نداری؟
to dige tschiz·i lāzem dār·i / na·dār·i?
du anderes Ding-ein nötig hast(du) / (nicht-)hast(du)
Brauchst du noch / nicht noch irgendetwas?

من دیگه چیزی لازم ندارم.
man dige tschiz·i lāzem na·dār·am.
ich anderes Ding-ein nötig nicht-habe(ich)
Ich brauche nichts mehr.

دیگه منتظر چی هستی / چیی؟
dige montazer·e tschi haßt·i / tschi·yi?
anderes warten-G was bist(du) / was-bist(du)(U)
Worauf wartest du noch?

فقط / فقد دو تومان دیگه دارم.
man faghat / faghad do tumān dige dār·am.
ich nur / nur(U) zwei Tuman anderes habe(ich)
Ich habe nur noch zwei Tuman.

بیا دیگه.
biy·ā dige.
komm(du) anderes
Komm endlich / schon!

آمدم / اومدم دیگه.
āmad·am / umad·am dige.
komme(ich) / komme(ich)(U) anderes
Ich komme ja schon.

دیگه چی؟	چرا دیگه؟
dige tschi?	**tscherā dige?**
anderes was	*warum anderes*
Was noch?	Warum denn? / Aber sicher!

Wortverdopplungen

Aus Haupt- und Eigenschaftswörtern kann man durch Verdopplungen neue Ausdrücke bilden, die vor allem als Umstandswörter (Adverbien) verwendet werden.

کم کم	**kam-kam**	allmählich, nach und nach
آهسته آهسته	**āheßte-āheßte**	langsam, sachte
یواش یواش	**yawāsch-yawāsch**	langsam, allmählich
دسته دسته	**daßte-daßte**	gruppenweise
قطره قطره	**ghatre-ghatre**	tropfenweise
پاره پاره	**pāre-pāre**	zerrissen, zerstückelt

Steigern & Vergleichen

Die Endung wird bei nach links verbindenden Buchstaben getrennt oder zusammen geschrieben.

Der Komparativ eines Eigenschaftsworts wird ausgedrückt, indem man dem Adjektiv die Nachsilbe -tar anfügt. Ein gesteigertes Eigenschaftswort folgt seinem Bezugswort.

ارزان	**arzān**	billig	ارزانتر (ارزان تر)	**arzān·tar**	billiger
سفید	**ßefid**	weiß	سفیدتر	**ßefid·tar**	weißer
دور	**dur**	weit	دورتر	**dur·tar**	weiter
تند	**tond**	schnell	تندتر	**tond·tar**	schneller

خواهر جوانتر / مسن تر
chāhar·e djawān·tar / moßen·tar
Schwester jünger / älter
die jüngere / ältere Schwester

Bei Personen ist es gepflegter, für „älter“ moßen·tar *anstelle von* pir·tar *zu sagen.*

Im Superlativ erhält das Adjektiv die Endung -tarin und steht vor dem Bezugswort.

کوچکترین / کوچیکترین اتاق
kutschek·tarin / kutschik·tarin otāgh
kleinstes / kleinstes(U) Zimmer
das kleinste Zimmer

Alternativ kann man den Superlativ auch durch die Kombination von az hame *von allen* mit dem Komparativ ausdrücken. Das entspricht dann dem deutschen „am ... -sten“.

از همه گرانتر
az hame gerān·tar
von alle teurer
am teuersten

از همه کمتر
az hame kam·tar
von alle weniger
am wenigsten

beh- *ist die „klassische“ unregelmäßige Steigerungsstamm-Variante für „gut“.*

خوب	**chub**			gut
خوبتر	**chub·tar**	بهتر	**beh·tar**	besser
خوبترین	**chub·tarin**	بهترین	**beh·tarin**	bester
زیاد	**ziyād**			viel, sehr
زیادتر	**ziyād·tar**	بیشتر	**bisch·tar**	mehr
زیادترین	**ziyād·tarin**	بیشترین	**bisch·tarin**	viel mehr

Man vergleicht Personen oder Dinge miteinander, indem der Vergleichsmaßstab mit dem Verhältniswort az *von* angeschlossen wird:

تو زیباتر از فرشته هستی.
to zibā·tar az fereschte haßt·i.
du schöner von Engel bist(du)
Du bist schöner als ein Engel.

fereschte *ist auch ein Mädchenname*

Bei Gleichheit („so ... wie“) geht man so vor: als erstes das Verhältniswort be *zu*, danach folgt das Eigenschaftswort, das aber durch die betonte Endung -i in ein abstraktes Hauptwort umgewandelt wird, und daran schließt man den Vergleichsmaßstab mit -ye an.

اتاق تو به بزرگی اتاق من است.
otāgh·e to be bozorgi·ye otāgh·e man aßt.
Zimmer-G du zu Größe-G Zimmer-G ich ist(es)
Dein Zimmer ist so groß wie mein Zimmer.

Umgangssprachlich lautet dieser Beispielsatz so: otāgh·et be bozorgi·ye otāgh·am e.

Liste wichtiger Tätigkeitswörter

Kauderwelsch hin, Kauderwelsch her, Vokabeln lernen muss sein. In der folgenden Tabelle finden Sie neben der Grundform (Infinitiv) der wichtigsten Tätigkeitswörter (Verben) in der dritten Spalte auch den jeweiligen Gegenwartsstamm, der für die Beugung in der Gegenwartszeit erforderlich ist und der manchmal von der Grundform abweicht. Die Beugung in der Gegenwart selbst wird dann im nächsten Kapitel erklärt.

رسیدن	**raßidan**	raß-	ankommen
پوشیدن	**puschidan**	pusch-	anziehen, bedecken
رفتن	**raftan**	raw-	gehen
پرداختن	**pardāchtan**	pardāz-	bezahlen
ماندن	**māndan**	mān-	bleiben
فشردن	**feschordan**	feschor-	drücken
خوردن	**chordan**	chor-	essen, trinken
پرسیدن	**porßidan**	porß-	fragen
ترسیدن	**tarßidan**	tarß-	sich fürchten
زاییدن	**zāyidan**	zāy-	gebären
پسندیدن	**paßandidan**	paßand-	Gefallen finden, passen
شنیدن	**schenidan**	schenaw-	hören, zuhören
آوردن	**āwardan**	āwar-	holen, bringen
جنگیدن	**djangidan**	djang-	kämpfen
خریدن	**charidan**	char-	kaufen
پختن	**pochtan**	paz-	kochen
توانستن	**tawāneßtan**	tawān-	können
آمدن	**āmadan**	āy-	kommen
بوسیدن	**bußidan**	buß-	küssen
خندیدن	**chandidan**	chand-	lachen
دویدن	**dawidan**	daw-	laufen, rennen
گذاشتن	**gozāschtan**	gozār-	legen, stellen
خواندن	**chāndan**	chān-	lesen
دادن	**dādan**	dah-	geben
بایستن	**bāyeßtan**	bāy-	müssen, sollen
دوختن	**duchtan**	duz-	nähen
برداشتن	**bar·dāschtan**	bar·dār-	nehmen, aufheben
گرفتن	**gereftan**	gir-	nehmen, bekommen
کاشتن	**kāschtan**	kār-	pflanzen, säen
گفتن	**goftan**	guy-	sagen, reden
فرستادن	**fereßtādan**	fereßt-	schicken
خوابیدن	**chābidan**	chāb-	schlafen
زدن	**zadan**	zan-	schlagen

بستن	**baßtan**	band-	schließen, binden
بريدن	**boridan**	bor-	schneiden
نوشتن	**neweschtan**	newiß-	schreiben
ديدن	**didan**	bin-	sehen
نشستن	**neschaßtan**	neschin-	sitzen
ايستادن	**ißtādan**	ißt-	stehen
دزديدن	**dozdidan**	dozd-	stehlen
مردن	**mordan**	mir-	sterben
بافتن	**bāftan**	bāf-	stricken, weben
رقصيدن	**raghßidan**	raghß-	tanzen
بردن	**bordan**	bar-	tragen, mitnehmen
نوشيدن	**nuschidan**	nusch-	trinken
فروختن	**foruchtan**	forusch-	verkaufen
باختن	**bāchtan**	bāz-	verlieren, verspielen
بخشيدن	**bachschidan**	bachsch-	verschenken, entschuldigen
فهميدن	**fahmidan**	fahm-	verstehen
دانستن	**dāneßtan**	dān-	wissen, kennen
شستن	**schoßtan**	schuy-	waschen
انداختن	**andāchtan**	andāz-	werfen
ارزيدن	**arzidan**	arz-	wert sein, kosten
شمردن	**schomordan**	schomor-	zählen
شكستن	**schekaßtan**	schekan-	zerbrechen
لرزيدن	**larzidan**	larz-	zittern

Gegenwart

Die Grundform (Infinitiv) der Tätigkeitswörter endet auf -an, dem stets noch ein -d- oder -t- vorangeht. Um ein Verb dann aber beugen zu können, muss man auch noch dessen Gegenwartsstamm und Vergangenheitsstamm kennen.

Bei regelmäßigen Verben erhält man den Gegenwartsstamm, indem man das -tan / -dan der Grundform wegstreicht. So entsteht aus bāftan *stricken, weben* dessen Gegenwartsstamm bāf-. Bei Verben auf -idan und -eßtan muss dazu auch noch -id- bzw. -eß- gestrichen werden, ansonsten sind sie immer regelmäßig: charidan *kaufen* hat so als Gegenwartsstamm char-. Die unregelmäßigen Verben muss man leider auswendig lernen. Dazu gehören insbesondere auch budan *sein* und dāschtan *haben*, die im folgenden Kapitel näher behandelt werden.

Im Gegensatz dazu enthält der Vergangenheitsstamm stets das -d- / -t- der Infinitivformen.

An den Stamm, in diesem Fall an den Gegenwartsstamm, werden dann folgende Personalendungen angehängt:

		Einzahl		Mehrzahl
1. Person	ام-	**-am**	ایم-	**-im**
2. Person	ای-	**-i**	اید-	**-id**
3. Person	اد-	**-ad**	اند-	**-and**

Umgangssprachlich wird die 3. Person Einzahl zu -e / -ye. Die 2. und 3. Person Mehrzahl werden zu -in bzw. -an.

Diese Endungen gelten für alle Verben und alle Zeitstufen. Eine Ausnahme ist die 3. Person Einzahl der Vergangenheit. Hier bleibt es beim bloßen Vergangenheitsstamm; es tritt also in dieser Form keinerlei Endung an den Stamm an.

mi wird im Allgemeinen mit dem Verbstamm zusammengeschrieben, kommt aber auch getrennt vor.

Mit der betonungstragenden Vorsilbe mi-, dem Gegenwartsstamm und den Personalendungen bildet man nun die Präsensformen:

Diese (und andere) Vorsilben des Verbs werden ebenso wie die Personalendungen in der Lautschrift mit einem Pünktchen abgetrennt.

میکنم	**mi·kon·am**	ich tue / mache
میکنی	**mi·kon·i**	du tust / machst
میکند	**mi·kon·ad**	er / sie tut / macht
میکنیم	**mi·kon·im**	wir tun / machen
میکنید	**mi·kon·id**	ihr tut / Sie tun / ihr macht / Sie machen
میکنند	**mi·kon·and**	sie tun / machen

Wörter, deren Präsensstamm auf -aw- oder -guy- lauten, ziehen diese Silben in der Umgangssprache oft mit der Vorsilbe zusammen, z. B. man mi·guy·am = man mi·g·am „ich sage".

من (به) بازار میروم / میرم.

man (be) bāzār mi·raw·am / mi·r·am.

ich(zu) Bazar gehe(ich) / gehe(ich)(U)

Ich gehe zum Bazar.

من کار میکنم.

man kār mi·kon·am.

ich Arbeit mache(ich)

Ich arbeite.

Verlaufsform der Gegenwart

Will man eine Handlung ausdrücken, die gerade geschieht, verwendet man den personengebeugten Gegenwartsstamm dār- von dāschtan *haben* als Hilfsverb (siehe folgendes Kapitel) vor dem bedeutungstragenden Hauptverb. Das Hauptverb wird ebenfalls gebeugt; hier steht dann die Vorsilbe mi-.

من دارم ناهار میخورم.
man dār·am nāhār mi·chor·am.
ich habe(ich) Mittagessen esse(ich)
Ich esse gerade zu Mittag.

Sein & Haben

Das Verb dāschtan *haben* hat den Gegenwartsstamm dār- und wird folgendermaßen gebeugt:

دارم	**dār·am**	ich habe
داری	**dār·i**	du hast
دارد	**dār·ad**	er / sie hat
داریم	**dār·im**	wir haben
دارید	**dār·id**	ihr habt / Sie haben
دارند	**dār·and**	sie haben

من تو را دوست دارم.
man to·rā dußt dār·am.
ich du-4 Freund habe(ich)
Ich habe dich lieb.

او پول دارد / داره.
u pul dār·ad / dār·e.
er Geld hat(er) / hat(er)(U)
Er hat Geld.

Das Hilfsverb budan *sein* wird in der Gegenwart gebeugt, als wäre es (h)aßtan. In der 3. Person Einzahl wird keine Endung angehängt, d. h. es bleibt bei (h)aßt. Die persönlichen Fürwörter für den Satzgegenstand (Subjekt) sind im Persischen in der gesprochenen Sprache übrigens nicht obligatorisch und werden oft weggelassen. Die Schriftsprache ist da strenger.

dußt dāschtan
lieben, mögen

Statt mit rā *geht der obige Satz auch so:* man duß(t)·at dār·am / man duß·et dār·am.

هستم	**haßt·am**	ich bin
هستی	**haßt·i**	du bist
است / هست	**aßt / haßt**	er / sie ist
هستیم	**haßt·im**	wir sind
هستید	**haßt·id**	ihr seid / Sie sind
هستند	**haßt·and**	sie sind

Die dritte Möglichkeit ist es, die Personalendungen mit den entsprechenden umgangssprachlichen Formen an die Ergänzung einer Satzaussage mit „sein" anzuhängen.

Nach Wörtern, die auf die Vokale ā, i, o oder u auslauten, können diese in der Umgangssprache in der 3. Person Einzahl mit (h)aßt verschmelzen, d. h. das a wird dann nicht gesprochen (wohl aber geschrieben). Oder aber (h)aßt fällt ganz weg und wird dann durch ein an das vorangehende Wort angehängtes -e / -ye ersetzt.

من خسته هستم.
man chaßte haßt·am.
ich müde bin(ich)
Ich bin müde.

او مسافرت است / مسافرته.
u moßāferat aßt / moßāferat·e.
er Reise ist(er) / Reise-er(U)
Er ist verreist.

این مال تو است / تو ست.
in māl·e to aßt / to-ßt.
dieser Besitz-G du ist / du-ist(U)
Das gehört dir.

او آلمانی است / آلمانیست.
u ālmāni aßt / ālmāni-ßt.
er Deutscher ist(er) / Deutscher-ist(U)
Er ist Deutscher.

من بیدارم.
man bidār·am.
ich wach-bin(ich)
Ich bin wach.

او خواب است / خابه.
u chāb aßt / chāb·e.
er Schlaf ist(er) / Schlaf-er(U)
Er schläft.

او اینجا است / اینجاست.
u in·djā aßt / in·djā-ßt.
er hier ist(er) / hier-ist(U)
Er ist hier.

Um Sätze vom Typ „Du bist es!“ auszudrükken, hängt man die Personalendungen direkt (bzw. nach dem Übergangslaut -y-) an die jeweiligen persönlichen Fürwörter an.

منم	**man·am**	ich bin es
تویی	**to·yi**	du bist es
او است / اوست	**u·aßt / u-ßt**	er / sie ist es
ماییم	**mā·yim**	wir sind es
شمایید	**schomā·yid**	ihr seid es
ایشانند	**ischān·and**	sie sind es

Nach einem persönlichen Fürwort steht das als Ergänzung der Satzaussage mit „sein“ dienende Hauptwort immer in der Einzahl:

ما دانشجو / توریست هستیم.
mā dānesch-dju / turißt haßt·im.
wir Student / Tourist sind(wir)
Wir sind Studenten / Touristen.

dānesch-dju *setzt sich zusammen aus* dānesch *„Wissen“ und* dju- / djuy-, *dem Gegenwartsstamm von* djoß-tan *„suchen, ausfindig machen“. Es gibt im Persischen noch weitere solche Verbstämme, die als Nachsilbe angehängt neue Hauptwörter bilden können. Auch sonst ist das Persische reich an wortbildenden Vor- und Nachsilben, die aber in diesem Buch aus Platzgründen nicht weiter behandelt werden können.*

Vergangenheit

Den Vergangenheitsstamm aller Verben erhält man, wenn vom Infinitiv lediglich die Endung -an weggelassen wird (bāftan – bāft-). An diesen somit stets auf -t oder -d auslautenden Vergangenheitsstamm werden dann die Personalendungen angehängt. Eine Ausnahme ist die 3. Person Einzahl. Deren Form entspricht dem bloßen Vergangenheitsstamm.

رفتم	**raft·am**	ich ging
رفتی	**raft·i**	du gingst
رفت	**raft**	er / sie ging
رفتیم	**raft·im**	wir gingen
رفتید	**raft·id**	ihr gingt
رفتند	**raft·and**	sie gingen

من (یک) نامه نوشتم.
man (yek) nāme neweschṭ·am.
ich (eins) Brief schrieb(ich)
Ich schrieb einen Brief.

من (در) بازار بودم.
man (dar) bāzār bud·am.
ich (in) Bazar war(ich)
Ich war im Bazar.

او به هتل رفت.
u be hotel raft.
sie zu Hotel ging(sie)
Sie ging ins Hotel.

Für sich wiederholende (bzw. gewohnheitsmäßige) Handlungen in der Vergangenheit verwendet man die Vorsilbe mi- in Kombination mit dem Vergangenheitsstamm.

من دو روز در هفته کار میکردم.
man do ruz dar hafte kār mi·kard·am.
ich zwei Tag in Woche Arbeit machte(ich)
Ich arbeitete zwei Tage in der Woche.

vollendete Gegenwart

Wenn man die Infinitivendung -an weglässt und stattdessen ein -e anhängt, erhält man das Partizip Perfekt (Mittelwort der Vergangenheit), z. B. karde *gemacht*. Wenn man an diese Form noch die Personalendungen anhängt, entsteht der Ausdruck für die vollendete Gegenwart (Perfekt). Diese Zeitstufe wird also ähnlich wie im Deutschen gebildet, wird allerdings im Persischen seltener gebraucht als die einfache Vergangenheit. Oft wird dabei in der 3. Person Einzahl aßt weggelassen.

کرده‌ام	**karde·am**	ich habe gemacht
کرده‌ای	**karde·i**	du hast gemacht
کرده (است)	**karde (aßt)**	er / sie hat gemacht
کرده‌ایم	**karde·im**	wir haben gemacht
کرده‌اید	**karde·id**	ihr habt gemacht
کرده‌اند	**karde·and**	sie haben gemacht

او نان / نون خریده (است).
u nān / nun charide (aßt).
er Brot / Brot(U) gekauft (ist(er))
Er hat Brot gekauft.

من خوراک خورده‌ام.
man chorāk chorde·am.
ich Essen gegessen(ich)
Ich habe gegessen.

Zum Passiv nur soviel: Man bildet es mit dem Hauptverb als Partizip der Vergangenheit und dem gebeugten Hilfsverb schodan *„werden" (Gegenwartsstamm* schaw-*). Bei zusammengesetzten Verben (siehe weiter unten) wird* kardan *durch* schodan *ersetzt.*

vollendete Vergangenheit

Mit Hilfe des nicht personengebeugten Partizips Perfekt und den gebeugten Formen des Vergangenheitsstammes bud- von budan *sein* erhält man die vollendete Vergangenheit (das Plusquamperfekt).

ما (به) بازار رفته بودیم.
mā (be) bāzār rafte bud·im.
wir (zu) Basar gegangen waren(wir)
Wir waren zum Bazar gegangen.

Verlaufsform der Vergangenheit

Es gibt auch eine Verlaufsform in der Vergangenheit. Diese bildet man parallel zu der in der Gegenwart, nur dass das Hilfsverb däschtan hierbei in der einfachen Vergangenheit steht und das Hauptverb in einer Form, die ebenfalls der einfachen Vergangenheit entspricht (also der personengebeugte Vergangenheitsstamm), allerdings mit der Vorsilbe mi-. In anderen Worten, es werden alle Bestandteile der Verlaufsform der Gegenwart in die Vergangenheit gesetzt.

من داشتم میرفتم.
man däscht·am mi·raft·am.
ich hatte(ich) ging(ich)
Ich ging gerade.

Zukunft

Mit chāh-, dem Gegenwartsstamm des Hilfsverbs chāßtan *wollen,* und den Personalendungen bildet man die Zukunftszeit. Darauf folgt am Satzende das bedeutungstragende Hauptverb im Vergangenheitsstamm, d. h. ohne Personalendung.

خواهم کرد	**chāh·am kard**	ich werde machen
خواهی گفت	**chāh·i goft**	du wirst sagen
خواهد خورد	**chāh·ad chord**	er / sie wird essen
خواهیم گرفت	**chāh·im gereft**	wir werden nehmen
خواهید رفت	**chāh·id raft**	ihr werdet gehen
خواهند نوشت	**chāh·and newescht**	sie werden schreiben

من تلفن خواهم کرد.
man telefon chāh·am kard.
ich Telefon will(ich) machte
Ich werde anrufen.

من مواظب خواهم بود.
man mowāzeb chāh·am bud.
ich vorsichtig will(ich) war
Ich werde aufpassen.

من فردا خواهم رفت.
man fardā chāh·am raft.
ich morgen will(ich) ging
Ich werde morgen gehen.

Wie im Deutschen kann man aber auch die Gegenwartsform für die Zukunft benutzen.

من فردا میروم / میرم.
man fardā mi·raw·am / mi·r·am.
ich morgen gehe(ich) / gehe(ich)(U)
Ich gehe morgen.

Zusammengesetzte Tätigkeitswörter

Es gibt eine Vielzahl von zusammengesetzten Verben. Hier verbindet sich ein einfaches Tätigkeitswort, z. B. kardan *machen,* mit einem Hauptwort, Eigenschaftswort usw. und bildet so einen neuen Begriff mit Verbcharakter. Dabei wird nur das Tätigkeitswort personengebeugt.

جواب دادن	**djawāb dādan**	antworten *(Antwort geben)*
کار کردن	**kār kardan**	arbeiten *(Arbeit machen)*
دست انداختن	**daßt andāchtan**	auslachen *(Hand werfen)*
سفارش کردن	**ßefāresch kardan**	(etwas) ausrichten *(Bestellung machen)*
تشکر کردن	**taschakkor kardan**	sich bedanken *(Dank machen)*
سفارش دادن	**ßefāresch dādan**	bestellen *(Bestellung geben)*

خواهش کردن	**chāhesch kardan**	bitten *(Bitte machen)*
خبر کردن	**chabar kardan**	benachrichtigen *(Nachricht machen)*
شکایت کردن	**schekāyat kardan**	sich beschweren *(Beschwerde machen)*
لازم داشتن	**lāzem dāschtan**	brauchen, benötigen *(nötig haben)*
طول کشیدن	**tul keschidan**	dauern *(Dauer ziehen)*
فکر کردن	**fekr kardan**	denken, meinen *(Gedanke machen)*
معذرت خواستن عذر خواستن	**ma'zerat chāßtan,** **ozr chāßtan**	sich entschuldigen *(Entschuldigung wollen)*
دریافت کردن	**daryāft kardan**	erhalten *(Erhalt machen)*
سرما خوردن	**ßarmā chordan**	sich erkälten *(Kälte essen)*
غذا خوردن	**ghazā chordan**	essen *(Essen essen)*
روزه گرفتن	**ruze gereftan**	fasten *(Fasten nehmen)*
تب کردن	**tab kardan**	Fieber bekommen *(Fieber machen)*
پیدا کردن	**peydā kardan**	finden *(sichtbar machen)*
فرار کردن	**farār kardan**	flüchten *(Flucht machen)*
سؤال کردن	**ßo'āl kardan**	fragen *(Frage machen)*
پر کردن	**por kardan**	füllen, aufladen *(voll machen)*

تبریک گوفتن	**tabrik goftan**	gratulieren *(Glückwunsch sagen)*
اعتبار داشتن	**e'tebār dāschtan**	gültig sein, gelten *(Geltung haben)*
کمک کردن	**komak kardan**	helfen *(Hilfe machen)*
زمین خوردن	**zamin chordan**	hinfallen *(Erde essen)*
امیدوار بودن	**omidwār budan**	hoffen *(von* omid *Hoffnung)*
اشتباه کردن	**eschtebāh kardan**	sich irren *(Fehler machen)*
زنگ زدن	**zang zadan**	klingeln *(Klingel schlagen)*
دوست داشتن	**dußt dāschtan**	lieben, mögen *(Freund haben)*
عقیده داشتن	**aghide dāschtan**	meinen *(Meinung haben)*
خبر دادن	**chabar dādan**	mitteilen *(Nachricht geben)*
باز کردن	**bāz kardan**	öffnen *(offen machen)*
درست کردن	**doroßt kardan**	in Ordnung bringen *(richtig machen)*
امتحان کردن	**emtehān kardan**	prüfen *(Prüfung machen)*
تعمیر کردن	**ta'mir kardan**	reparieren *(Reparatur machen)*
بو دادن	**bu dādan**	riechen, stinken *(Geruch geben)*
صدا کردن، صدا زدن	**ßedā kardan, ßedā zadan**	rufen *(Stimme machen / schlagen)*

تمیز کردن پاک کردن	**tamiz kardan,** **pāk kardan**	säubern *(sauber machen)*
ضرر کردن	**zarar kardan**	Schaden erleiden *(Schaden machen)*
خجالت کشیدن	**chedjālat keschidan**	sich schämen *(Scham ziehen)*
حرف زدن	**harf zadan**	sprechen *(Buchstabe schlagen)*
معاینه کردن	**mo'āyene kardan**	untersuchen *(Arzt)* *(Untersuchung machen)*
فراموش کردن	**farāmusch kardan**	vergessen *(Vergessen machen)*
قرض دادن	**gharz dādan**	verleihen, ausleihen *(Schulden geben)*
عاشق شدن	**āschegh schodan**	sich verlieben *(verliebt werden)*
حدس زدن	**hadß zadan**	vermuten *(Vermutung schlagen)*
سفر کردن مسافر کردن	**ßafar kardan,** **moßāferat kardan**	verreisen *(Reise machen)*
قول دادن	**ghoul dādan**	versprechen *(Versprechen geben)*
خیال کردن	**chiyāl kardan**	sich vorstellen *(Vorstellung machen)*
تکرار کردن	**tekrār kardan**	wiederholen *(Wiederholung machen)*
گوش کردن	**gusch kardan**	zuhören *(Ohr machen)*
شک داشتن	**schakk dāschtan**	zweifeln *(Zweifel haben)*

Befehlsform

Zur Bildung der Befehlsform (Imperativ) setzt man vor den Gegenwartsstamm die Vorsilbe be-. Die 2. Person Mehrzahl erhält die Personalendung -id.

بپوش	**be·pusch**	Zieh dich an!
بگیر	**be·gir**	Nimm!
ببین	**be·bin**	Sieh!
بخرید	**be·char·id**	Kauft!

In bestimmten lautlichen Umgebungen wird die Vorsilbe be- zu bi- abgewandelt. Bei Verben mit vokalisch anlautendem Gegenwartsstamm tritt dann z. B. die Kombination bi- + Übergangslaut -y- auf. Andererseits fällt das zum Stamm gehörende -y- in Verben auf -āy- und -uy- (z. B. āy- *kommen*, guy- *sagen*) in der Befehlsform aus.

Man kann hier biy- *als eine rein lautliche Variante zu* bi- *betrachten.*

بیاور / بیار	**biy·āwar** / **biy·ār** *(U)*	Bring!
بیا	**biy·ā**	Komm!

Umgangssprachlich wird be·ißt *(von* ißtādan *„stehen, anhalten") zu* wāßtā.

Als Ausnahme nicht mit bi- (bzw. biy-):

ایست	**ißt**	Stehen bleiben!
بایست	**be·ißt**	Bleib stehen!

Betroffen sind hiervon u. a. kardan *und* chordan.

Außerdem tritt auch, ebenfalls aus lautlichen Gründen, die Variante bo- anstelle von be- auf:

بخور	**bo·chor**	Iss!
بخورید	**bo·chor·id**	Esst!
بکن	**be·kon / bo·kon**	Mach!
بکنید	**be·kon·id / bo·kon·id**	Macht!
بگو	**be·gu / bo·gu**	Sage!

In der persischen Schrift werden die hier dargestellten Aussprachevarianten nicht unterschieden.

Bei Gegenwartsstämmen auf -aw- (z. B. dawidan *laufen*) wird diese Lautkombination in der Befehlsform (insbesondere in der Einzahl) zu -ou bzw. -o und kann dann wiederum die lautliche Vorsilben-Variante bo- nach sich ziehen.

Für raw- *zu* raft·an *„gehen" gilt das ausdrücklich nur in der Befehlsform Einzahl. Daran sieht man, dass diese Regeln nicht automatisch anwendbar sind, sondern letztlich nur fallweise für einzelne Vokabeln gelten.*

بدو	**be·dou / bo·do(u)**	Lauf!
بدوید	**be·daw·id / bo·do(u)·id**	Lauft!
برو	**bo·r·o(u)**	Geh!

aber:

بروید / برید	**be·raw·id / be·r·id** *(U)*	Geht!

برو بیرون.
bo·rou birun.
geh draußen
Geh hinaus!

Bei zusammengesetzten Verben tritt be- vor das Grundverb, also effektiv zwischen die Ergänzung und den Verbstamm.

خجالت بکش.
chedjālat be·kesch.
Scham ziehe(du)
Schäm dich!

گوش بدهید.
gusch be·dah·id.
Ohr gebt(ihr)
Hört zu!

Bei zusammengesetzten Tätigkeitswörtern mit kardan *machen* wird die Vorsilbe be- meistens weggelassen.

فکر کن / بکن.
fekr kon / be·kon.
Gedanke mache / mache
Denk nach!

باز کن / بکن.
bāz kon / be·kon.
offen mache / mache
Mach auf!

Die Befehlsform von bud·an „sein" wird vom Gegenwartsstamm bāsch- gebildet, und die von dāschtan „haben" mit Hilfe von dessen Partizip der Vergangenheit dāscht·e plus bāsch-.

ساکت باشید.
ßāket bāsch·id.
leise seid
Seid leise!

مواظب باش.
mowāzeb bāsch.
vorsichtig sei
Sei vorsichtig!

داشته باش.
dāscht·e bāsch.
gehabt sei
Behalte es!

Bei verneinten Befehlen wird die Vorsilbe be- (bzw. ihre lautlichen Varianten bi- und bo-) durch na- ersetzt.

نکن	**na·kon**	Mach das nicht!
نرو	**na·r·ou**	Gehe nicht!
نیا	**na·yā**	Komm nicht!
نگیر	**na·gir**	Nimm das nicht!
نترس	**na·tarß**	Habe keine Angst!

سؤال نکن.
ßo'āl na·kon.
Frage nicht-mache
Frage nicht!

فراموش نکنید.
farāmusch na·kon·id.
Vergessen nicht-macht
Vergesst es nicht!

Modalverben

Es gibt natürlich auch im Persischen eine Reihe von Hilfsverben, die mit bedeutungstragenden Hauptverben kombiniert werden können, um diesen eine „modale" Bedeutungsnuance hinzuzufügen. Zu diesen Nuancen gehören z. B. „Wollen", „Können" oder „Müssen". Die persischen Modalverben erfordern zumeist die Möglichkeitsform (Konjunktiv) des Hauptverbs. Diese wird gebildet aus dem Gegenwartsstamm mit der Vorsilbe be-. Im Persischen wird die Möglichkeitsform angewandt, wenn eine Aussage als nicht sicher, sondern nur als möglich als oder wünschenswert gilt. In Modalkonstruktionen wird sowohl das modale Hilfsverb als auch das Hauptverb (in der Möglichkeitsform) gebeugt. Wunschsätze werden oft mit kāsch oder kāschki *(wenn doch nur ... !)* gebildet. Auch schāyad *vielleicht* zieht die Möglichkeitsform nach sich, ohne selbst ein Modalverb zu sein. Das Verb budan *sein* hat in der Möglichkeitsform den bloßen Stamm bāsch- (ohne be-), und dāschtan *haben* zeigt hier dāschte (Partizip der Vergangenheit) zusammen mit bāsch-.

Die Verneinung erfolgt mit na-.

شاید کار نداشته باشم.

schāyad kār na·dāschte bāsch·am.

vielleicht Arbeit nicht-gehabt dass-sei(ich)

Vielleicht habe ich nichts zu tun.

کاش / کاشکی (او) زودتر خوب بشود.
kāsch / kāschki (u) zud·tar chub be·schaw·ad!
hoffentlich / hoffentlich (er/sie) schneller gut dass-werde(er/sie)
Wenn er / sie bloß schneller gesund würde! / Hoffentlich wird er / sie schneller gesund!

können (*tawāneßtan*) / wollen (*chāßtan*)

او میخواهد / میخاد یک هدیه بخرد.
u mi·chāh·ad / mi·chā·d yek hadiyye be·char·ad.
er will(er) / will(er)(U) eins Geschenk dass-kaufe(er)
Er will ein Geschenk kaufen.

من نمیتوانم فارسی بنویسم.
man ne·mi·tawān·am fārßi be·newiß·am.
ich nicht-kann(ich) Persisch dass-schreibe(ich)
Ich kann nicht Persisch schreiben.

müssen / sollen (*bāyeßtan*)

Umgangssprachlich wird tawāneßtan *zu* tuneßtan, *d. h.* -aw- *wird zu* -u-.

bāyeßtan wird gewöhnlich in der unpersönlichen Form bāyad *(es muss)* ausgedrückt. Diese Form bleibt bei allen Personen unverändert, d. h. sie erhält keine Personalendungen. Im Persischen besteht zwischen „müssen" und „sollen" kein Unterschied.

من باید وزن کم بکنم.
man bāyad wazn kam be·kon·am.
ich muss(es) Gewicht wenig dass-mache(ich)
Ich muss abnehmen.

تو باید فردا بلیط بخری.

to bāyad fardā belit be·char·i.

du muss(es) morgen Fahrkarte dass-kaufest(du)

Du musst morgen eine Fahrkarte kaufen.

Übrigens drückt man das deutsche unpersönliche „man" im Persischen z. B. durch ādam bzw. enßān *Mensch* oder durch Tätigkeitswörter in der 3. Person Mehrzahl, dann aber in jedem Fall ohne persönliches Fürwort, aus.

آدم / انسان باید کار بکند.

ādam / enßān bāyad kār be·kon·ad.

Mensch / Mensch muss(es) Arbeit dass-mache(er)

Man muss arbeiten.

mögen (meyl dāschtan / māyel budan)

Man verwendet diese Modalausdrücke hauptsächlich, wenn man jemanden höflich zu einer Tätigkeit auffordern will, nicht jedoch als Vollverb wie in „ich mag dich". Beide Ausdrücke hören sich ein bisschen übertrieben an, so dass Sie getrost in vielen Situationen auf chāßtan ausweichen können.

من میل دارم ماهی بخورم.

man meyl dār·am māhi be·chor·am / bo·chor·am.

ich Wunsch habe(ich) Fisch dass-esse(ich) / dass-esse(ich)(U)

Ich möchte Fisch essen.

تو مایل هستی این کار را برای من بکنی؟
to māyel haßt·i in kār rā barāye man be·kon·i?
du wünschend bist(du) diese Arbeit 4 für ich dass-machest(du)
Möchtest du diese Arbeit für mich erledigen?

تو چیزی میل داری بخوری؟
to tschiz·i meyl dār·i be·chor·i / bo·chor·i?
du Ding-ein Wunsch hast-(du) dass-essest(du) / dass-essest(du)(U)
Möchtest du etwas essen?

dürfen (*edjāze dāschtan*)

Statt tawāneßtan *können* kann man auch edjāze dāschtan *Erlaubnis haben* sagen.

اجازه دارم از شما عکس بگیرم؟
edjāze dār·am az schomā akß be·gir·am?
Erlaubnis habe(ich) von ihr Bild dass-nehme(ich)
Darf ich Sie fotografieren?

Grabmal des Kurosch (Kyros) bei Shiraz

Ja & Nein

„Ja" heißt auf Persisch bale oder āre, wobei sich āre allerdings nicht gepflegt anhört. „Nein" drückt man mit na oder cheyr *(Wohltat)*, oder kombiniert als na-cheyr aus. Je nach Betonung kann (na-)cheyr auch sehr streng klingen.

تو پول داری؟
to pul dār·i?
du Geld hast(du)
Hast du Geld?

بله، من پول دارم.
bale, man pul dār·am.
ja ich Geld habe(ich)
Ja, ich habe Geld.

تو انگلیسی هستی؟
to engelißi haßt·i?
du Engländer bist(du)
Bist du Engländer(in)?

بله
bale.
ja
Ja.

نخیر
na-cheyr.
nein-Wohltat
Nein.

نه، من آلمانی هستم.
na, man ālmāni haßt·am.
nein ich Deutscher bin(ich)
Nein, ich bin Deutsche(r).

اجازه دارم؟
edjāze dār·am?
Erlaubnis habe(ich)
Darf ich?

بله بفرمایید.
bale be·farmāy·id.
ja befehlt(ihr)
Ja, bitte!

farmudan *„befehlen" ist eine höflichere Ausdrucksweise, um jemanden aufzufordern, um etwas zu bitten, zu erfragen usw.*

Verneinung des Verbs

Die Verneinung wird mit der betonungstragenden Vorsilbe na- gebildet:

ما پول نداریم.
mā pul na·dār·im.
wir Geld nicht-haben(wir)
Wir haben kein Geld.

من تورا دیروز ندیدم، کجا بودی؟
man to·rā diruz na·did·am, kodjā bud·i?
ich dich-4 gestern nicht-sah(ich) wo warst(du)
Ich sah dich gestern nicht; wo warst du?

من نخواهم رفت.
man na·chāh·am raft.
ich nicht-will(ich) ging
Ich werde nicht gehen.

Vor der Gegenwartsvorsilbe mi- wandelt sich die Verneinungssilbe na- zu ne-.

من سیگار نمیکشم.
man ßigār ne·mi·kesch·am.
ich Zigarette nicht-ziehe(ich)
Ich rauche nicht.

من فارسی نمیفهمم.
man fārßi ne·mi·fahm·am.
ich Persisch nicht-verstehe(ich)
Ich verstehe kein Persisch.

من شوخی نمیکنم.
man schuchi ne·mi·kon·am.
ich Scherz nicht-mache(ich)
Ich scherze nicht.

schuch *„lustig, humorvoll"*

Verneinung von „sein"

Die Verneinung von budan in der Gegenwart erfolgt durch nißt-. Das heißt, bei haßt- wird die Lautfolge ha- durch ni- ersetzt.

نیستم	**nißt·am**	ich bin nicht
نیستی	**nißt·i**	du bist nicht
نیست	**nißt**	er / sie ist nicht
نیستیم	**nißt·im**	wir sind nicht
نیستید	**nißt·id**	ihr seid nicht / Sie sind nicht
نیستند	**nißt·and**	sie sind nicht

او (در) اداره نیست / نیستش / نیسش.
u (dar) edāre nißt / nißt·asch / niß·esch.
er (in) Büro nicht-ist(er) / nicht-ist(er)(U)
Er ist nicht im Büro.

من اصلاً خسته نیستم.
man aßlan chaßte nißt·am.
ich überhaupt müde nicht-bin(ich)
Ich bin überhaupt nicht müde.

In der Vergangenheit werden budan und dāschtan mit na- verneint.

من در اتاق نبودم.
man dar otāgh na·bud·am.
ich in Zimmer nicht war(ich)
Ich war nicht im Zimmer.

من وقت نداشتم.
man waght na·dāscht·am.
ich Zeit nicht hatte(ich)
Ich hatte keine Zeit.

Fragen & Fragesätze

Das Fragezeichen ؟ wird wie auch das Komma ، in der persisch-arabischen Schrift umgekehrt gesetzt. Das Komma ist aber in der Schriftsprache selten.

Ja-Nein-Fragen, also Fragesätze ohne spezielles Fragewort, gleichen im Satzbau einem Aussagesatz. Es muss lediglich durch den Tonfall deutlich gemacht werden, dass es sich um eine Frage handelt. Außerdem kann man Ja-Nein-Fragen auch mit āyā *ob, etwa* einleiten.

وقت دارید / دارین؟
waght dār·id / dār·in?
Zeit habt(ihr) / habt(ihr)(U)
Haben Sie Zeit?

گریه میکنی؟
gerye mi·kon·i?
Träne machst(du)
Weinst du?

بروویم / بریم؟
be·raw·im / be·r·im?
dass-gehen(wir) / dass-gehen(wir)(U)
Gehen wir?

شما موسیقی ایرانی را دوست دارید / دارین؟
schomā mußighi·ye irāni rā dußt dār·id / dār·in?
ihr Musik-G iranisch 4 Freund habt(ihr) / habt(ihr)(U)
Mögen Sie die iranische Musik?

آیا شما ... دارید / دارین؟
āyā schomā ... dār·id / dār·in?
ob ihr ... habt(ihr) / habt(ihr)(U)
Haben Sie vielleicht ... ?

Spezielle Fragewörter stehen, die nach einem konkreten Satzteil fragen, stehen, anders als im Deutschen, oft vor der Satzaussage bzw. an der Stelle im Satz, an der das entsprechende Satzteil im antwortenden Aussagesatz auch stehen würde.

کی	**ki**	wer
چی / چه	**tschi / tsche**	was, wie
کی	**key**	wann
کجا	**kodjā**	wo
کدام / کدوم	**kodām / kodum** *(U)*	welcher
چند	**tschand**	wie viel
چرا	**tscherā**	warum

کی میایی؟
key mi·āy·i / miy·āy·i?
wann kommst(du) / (U)
Wann kommst du?

تو کی هستی؟
to ki haßt·i?
du wer bist(du)
Wer bist du?

چی می‌گویید / میگین؟
tschi mi·guy·id / mi·g·in?
was sagt(ihr) / sagt(ihr)(U)
Was sagen Sie?

چه خبر (است) / خبره؟
tsche chabar aßt / chabar·e?
was Nachricht ist / Nachricht-ist(U)
Was ist los?

چرا ناراحت هستی / ناراحتی؟
tscherā nā·rāhat haßt·i / nā·rāhat·i?
warum Kummer bist(du) / Kummer-bist(U)
Warum bist du traurig?

از کدام سمت؟
az kodām ßamt?
von welche Richtung
Aus welcher Richtung?

Zum obigen Satz: Durch die Vorsilbe nā- *wird ein positiv verstandenes Wort zu einem negativen:* rāhat *„Ruhe, Stille"* nā·rāhat *„Unruhe; traurig"*

این چی است؟
in tschi aßt?
dieses was ist(es)
Was ist das?

این چند است / چنده؟
in tschand aßt / tschand·e?
dieses wie-viel ist(es) / wie-viel-ist(U)
Was kostet das?

کیفم کجا است / کجاست؟
kif·am kodjā aßt / kodjā-ßt?
Tasche-meine wo ist(sie) / wo-ist(sie)(U)
Wo ist meine Handtasche?

هیچ میدانی راننده کجا است؟
hitsch mi·dān·i rānande kodjā aßt?
nichts weißt(du) Fahrer wo ist(er)
Weißt du vielleicht, wo der Fahrer ist?

Umgangssprachlich kann man auch ku *statt* kodjā aßt *sagen, aber dann darf kein* aßt *folgen.*

پاسم کو؟
päß·am ku?
Pass-mein wo
Wo ist mein Pass?

نرگس کو؟
nargeß ku?
Narzisse wo
Wo ist Narges?
(nargeß *„Narzisse" ist ein Mädchenname)*

Mit tsche „was“ (allerdings nicht mit tschi) sowie der betonten Endung -i am Hauptwort (bzw. dessen Wortgruppe) kann der Ausruf „was für ein ... !“ ausgedrückt werden:

چه دنیایی.	چه زن زیبایی.
tsche donyā·yi!	**tsche zan·e zibā·yi!**
was welt-lich	*was Frau-G schön-lich*
Was für eine Welt!	Was für eine schöne Frau!

zusammengesetzte Fragewörter

Im Folgenden einige immer wiederkehrende Fragewörter, die mit tsche *was, wie* und einem nachfolgenden Hauptwort gebildet werden:

چه جور / چطور؟	چه وقت؟	چقدر؟
tsche-tour / tsche-djur?	**tsche-waght?**	**tsche-ghadr?**
was-Art / was-Weise	*was-Zeit*	*was-Wert*
Wie?, Wieso?	Wann?	Wie viel?
چه مدت؟	چه نوع؟	چه جا؟
tsche-moddat?	**tsche-nou?**	**tsche-djā?**
was-Dauer	*was-Sorte*	*was-Ort*
Wie lange?	Welche Art?	Wo?

حال شما چطور است؟
hāl·e schomā tsche-tour aßt?
Zustand-G ihr was-Art ist
Wie geht es Ihnen?

Hier kann man nur -tour *verwenden, nicht* -djur!

چطوری؟
tsche-tour·i?
was-Art-dein
Wie geht's? / Wie?

خوبی؟
chub·i?
gut-bist(du)
Geht's dir gut?

از کی	**az key**	seit wann *(von wann)*
تا کی	**tā key**	bis wann
از کجا	**az kodjā**	woher *(von wo)*
به کجا	**be kodjā**	wohin *(nach wo)*
چند تا	**tschand tā**	wie viele *(wie-viel Stück)*
برای چی	**barāye tschi**	wofür, weswegen *(für was)*

Auf eine negativ formulierte Frage kann man mit tscherā *warum* antworten, was dann so viel wie „doch, aber sicher, gewiss doch" bedeutet:

تو غذا نخورده‌ای؟
to ghazā na·chorde·i?
du Speise nicht-gegessen-hast(du)
Hast du nicht gegessen?

چرا، من غذا خورده‌ام
tscherā, man ghazā chorde·am.
warum ich Speise gegessen-habe(ich)
Doch, ich habe gegessen.

Verhältniswörter

In der Tabelle finden Sie die einfachen, also nicht zusammengesetzten Verhältniswörter (Präpositionen) des Persischen:

از	**az**	von, aus, seit
با	**bā**	mit
بر	**bar**	an, auf, über *(auch Vorsilbe)*
به	**be**	zu, nach, in, auf, vor, an
بی / بدون	**bi / bedun·e**	ohne
در	**dar**	in, auf
جز / بجز	**djoz / be-djoz**	außer
تا	**tā**	bis
برای	**barāye**	für

به فرانکفورت
be frānkfurt
nach Frankfurt

در اتریش
dar otrisch
in Österreich

با تو
bā to
mit dir

از لندن تا مونیخ
az landan tā munich
von London bis München

جز / بجز من
djoz / be-djoz man
außer mir

به / برای مدت
be / barāye moddat·e
von / für Dauer-G
für die Dauer von

برای من و تو
barāye man wa / o to
für ich und / und(U) du
für mich und dich

wa „und" kann zwischen zwei Wörtern auch als o ausgesprochen werden; man schreibt aber bei beiden Aussprachen و.

بی / بدون پول
bi / bedun·e pul
ohne Geld
ohne Geld, arm

به دلیل / به علت
be dalil·e / be ellat·e
von Grund-G
wegen

Wenn ein persönliches Fürwort als Ergänzung eines Verhältniswortes dient, kann man dessen normale Form als eigenständiges Wort verwenden. Umgangssprachlich können stattdessen aber auch die Personalendungen, wie Sie sie aus dem Kapitel „Besitzanzeigende Fürwörter" kennen, eine enge Verbindung mit dem Verhältniswort eingehen. Bei dieser Verbindung geht man wie folgt vor: Bei bā / be entfällt in der Einzahl das -a- der Personalendung; so entsteht z. B. für die 1. Person Einzahl bā·m bzw. be·m. In der Mehrzahl entfällt das -e-, daher z. B. in der 1. Person Mehrzahl bā·mun bzw. be·mun. Beim Verhältniswort barāye entfällt zusätzlich noch dessen Bestandteil -ye, und man erhält barā·m, barā·t usw. Bei bā und be kann man auch noch hā bzw. he vor der Endung einfügen, daher z. B. bā·hā·m, be·he·m usw. Bei az und dar kann in der 2. und 3. Person Einzahl das -a- der Personalendung zu -e- werden, also z. B. az·et, az·esch. In der Mehrzahl wiederum kann im Gegenzug das -e- auch zu -a- werden, z. B. az·a-schun usw.

او با من / باهام / بام تا برلین آمد / اومد.
u bā man / bā·hā·m / bā·m tā berlin āmad / umad.
er mit ich / mit-ich(U) / mit-ich(U) bis Berlin kam(er) / kam(er)(U)
Er kam mit mir bis nach Berlin.

Neben den einfachen gibt es im Persischen auch zusammengesetzte Verhältniswörter, die z. B. von Hauptwörtern abgeleitet werden. Diese werden entweder durch -e / -ye oder durch eine einfache Präposition in Beziehung zum nachfolgenden Wort gebracht:

لب آب
lab·e āb
Lippe/Rand/an-G Wasser
am Wasser

سر راه
ßar·e rāh
Kopf/Spitze/auf-G Weg
unterwegs

پشت پرده
poscht·e parde
Rücken/hinter-G Gardine
hinter der Gardine

طرف ظهر
taraf·e zohr
Seite/gegen-G Mittag
gegen Mittag

خارج از مملکت
chāredj az mamlekat
Äußeres/außerhalb von Land
außerhalb des Landes

روی صندلی
ru·ye ßandal·i
Gesicht/auf-G Stuhl
auf dem Stuhl

پیش / پس از غذا
pisch / paß az ghazā
vor/früher / nach von Essen
vor / nach dem Essen

توی کمد / غار
tu·ye komod / ghār
Inneres/in-G Schrank / Höhle
im Schrank / in der Höhle

پهلوی مادرم
pahlu·ye mādar·am
Seite/neben-G Mutter-mein
bei / neben meiner Mutter

کنار من
kenār·e man
Rand/neben-G ich
bei / neben mir

نزدیک مجسمه
nazdik·e modjaßßame
Nähe/nahe-G Statue
nahe der Statue

بیرون منزل
birun·e manzel
Äußeres/außerhalb-G Haus
außerhalb des Hauses

وسط شهر
waßat·e schahr
Mitte/inmitten-G Stadt
mitten in der Stadt

مقابل در
moghābel·e dar
gegenüber-G Tür
gegenüber der Tür

Bindewörter

Es gibt einfache Bindewörter wie z. B.:

و	**wa**	und
که	**ke**	dass, denn, weil, damit, als
تا	**tā**	damit, seit, solange, bis
اگر / اگه	**agar / age** *(U)*	wenn, falls
پس	**paß**	also, folglich, dann
یا	**yā**	oder
اما / ولی	**ammā / wali**	aber
فقط	**faghat**	nur
چون	**tschon**	weil, da
زیرا	**zirā**	weil, denn
هم	**ham**	auch
حتی	**hattā**	sogar
بلکه	**balke**	sondern

ke dient ganz allgemein zur Einleitung von Nebensätzen und kann daher nicht am Satzanfang stehen. Dieses Wörtchen wird u. a. zur Bildung von Relativsätzen verwendet.

Es gibt auch zweigliedrige Bindewörter:

یا ... یا	**yā ... yā**	entweder ... oder
هم ... هم	**ham ... ham**	sowohl ... als auch
نه ... نه	**na ... na**	weder ... noch

Neben den einfachen Bindewörtern gibt es im Persischen noch jede Menge mehrteilige Bindewörter, die sich aus Haupt-, Verhältniswörtern usw. zusammensetzen. Diese werden vornehmlich mit ke gebildet.

پیش از اینکه	**pisch az in·ke**	bevor
ازوقتی که	**az waghti ke**	seitdem
با اینکه	**bā in·ke**	obwohl, trotzdem
بدون اینکه	**bedun·e in·ke**	ohne dass
بعد از اینکه	**ba'd az in·ke**	nachdem
برای اینکه	**barāye in·ke**	damit, weil

© MDj

Frau im Tschador

Zahlen & Zählen

Die Zahlen werden, anders als die Buchstaben, von links nach rechts geschrieben.

Die Zahlen 4, 5 und 6 werden oft auch so geschrieben:

٤
٥
٦

Auch für die Zahlen gilt, dass die umgangssprachlichen Formen vornehmlich gesprochen, aber kaum geschrieben werden.

Die Zahlen von 11 bis 19 enden auf dah *„zehn".*

۰	0	صفر	**ßefr**
۱	1	یک	**yek**
۲	2	دو	**do**
۳	3	سه	**ße**
۴	4	چهار	**tschahār / tschār** *(U)*
۵	5	پنج	**pandj**
۶	6	شش / شیش	**schesch / schisch** *(U)*
۷	7	هفت	**haft**
۸	8	هشت	**hascht**
۹	9	نه	**noh**
۱۰	10	ده	**dah**
۱۱	11	یازده	**yāzdah**
۱۲	12	دوازده	**dawāzdah**
۱۳	13	سیزده	**ßizdah**
۱۴	14	چهارده /	**tschahārdah / tschārdah** *(U)*
۱۵	15	پانزده / پونزده	**pānzdah / punzdah** *(U)*
۱۶	16	شانزده / شونزده	**schānzdah / schunzdah** *(U)*
۱۷	17	هفده / هیوده	**hefdah / hiwdah** *(U)*
۱۸	18	هجده / هیجده	**hedjdah / hidjdah** *(U)*
۱۹	19	نوزده	**nuzdah**

۲۰	20	بیست	**bißt**
۳۰	30	سی	**ßi**
۴۰	40	چهل	**tschehel / tschel** *(U)*
۵۰	50	پنجاه	**pandjāh**
۶۰	60	شصت	**schaßt**
۷۰	70	هفتاد	**haftād**
۸۰	80	هشتاد	**haschtād**
۹۰	90	نود	**nawad**

۱۰۰	100	صد	**ßad**
۲۰۰	200	دویست	**dewißt**
۳۰۰	300	سیصد	**ßißad**
۴۰۰	400	چهارصد /	**tschahārßad /**
			tschārßad *(U)*
۵۰۰	500	پانصد /	**pānßad /**
		پونصد	**punßad** *(U)*
۶۰۰	600	ششصد /	**scheschßad /**
		شیشصد	**schischßad** *(U)*
۷۰۰	700	هفتصد /	**haftßad /**
		هفصد	**hafßad** *(U)*
۸۰۰	800	هشتصد /	**haschtßad /**
		هشصد	**haschßad** *(U)*
۹۰۰	900	نهصد	**nohßad**

Die Zahlen von 300 bis 900 enden auf ßad *„hundert“.*

۱۰۰۰	1.000	(یک) هزار	**(yek) hezār**
	2.000	دو هزار	**do·hezār**
۱۰۰۰۰	10.000	ده هزار	**dah·hezār**
۱۰۰۰۰۰	100.000	صد هزار	**ßad·hezār**
۱۰۰۰۰۰۰	1 Mio.	یک میلیون	**yek milyun**
۱۰۰۰۰۰۰۰۰۰	1 Mrd.	یک میلیارد	**yek milyārd**

Die Zahlen von 1.000 bis 900.000 enden auf hezār *„tausend“.*

Zusammengesetzte Zahlen werden stets von groß nach klein gebildet. Zwischen die Gruppen tritt jeweils „und“ (gesprochen o, aber geschrieben wie wa).

۲۱	بیست و یک
21	**bißt o yek**
۱۵۲	صد و پنجاه و دو
152	**ßad o pandjāh o do**
۷۲۷۷	هفت هزار و دویست و هفتاد و هفت
7.277	**haft hezār o dewißt o haftād o haft**
۱۲۹۸۷	دوازده هزار و نهصد و هشتاد و هفت
12.987	**dawāzdah hezār o nohßad o haschtād o haft**

Nach Zahlen steht das Gezählte im Singular:

هفت روز / هفته / ماه / سال
haft ruz / hafte / māh / ßāl
sieben Tag / Woche / Monat / Jahr
sieben Tage / Wochen / Monate / Jahre

Kategoriewörter

Wenn Hauptwörter in Verbindung mit Zahlen stehen, schiebt sich im Persischen oft ein so genanntes Kategorie- oder Zählwort zwischen diese beiden. Im Deutschen sind Ausdrücke wie z. B. „zwei Laib Brot“ (statt „zwei Brote“) damit vergleichbar. Man verwendet im Persischen im Allgemeinen das Allzweck-

Zählwort tā „Stück" für alle Hauptwörter, wobei diese dann in der Einzahl stehen. Allerdings kann tā nach der Zahl yek *eins* nicht verwendet werden.

Die „eins" wird oft wie ye *ausgesprochen, allerdings niemals beim Abzählen.*

In der folgenden Tabelle finden Sie speziellere Kategoriewörter:

دانه	**dāne**	Korn, Stück *(Samen, Obst)*
جفت	**djoft**	Paar *(für Schuhe, Paare von Gegenständen im Allgemeinen, auch Tiere)*
دست	**daßt**	Hand, Anzüge, Kostüme, Geschirr, Möbel *(für Zusammengehöriges)*
دسته	**daßte**	Bund, Strauß *(für Gemüse, Blumen)*
کلاف / کلافه	**kalāf / kalāfe**	Knäuel *(für Wolle)*
نفر	**nafar**	Person *(für Menschen)*
جلد	**djeld**	Band *(für Bücher)*

دو تا کیسه
do tā kiße
zwei (Stück) Beutel
zwei Beutel

یک / یه دسته گل
yek / ye daßte gol
eins / eins(U) Strauß Blume
ein Strauß Blumen

یک / یه دست کت و شلوار
yek / ye daßt kot o schalwār
eins / eins(U) Hand Jackett und Hose
ein Anzug

یک / یه جفت کفش
yek / ye djoft kafsch
eins / eins(U) Paar Schuh
ein Paar Schuhe

دو کلاف / کلافه کانوا
do kalāf / kalāfe kānwā
zwei Knäuel / Knäuel Strickwolle
zwei Knäuel Strickwolle

Das Kategoriewort kann aber oft auch fehlen:

یک / یه (دانه / دونه) نان / نون
yek / ye (dāne / dune) nān / nun
eins / eins(U) (Stück / Stück(U)) Brot / Brot(U)
ein Brot

دو (جلد / تا) کتاب
do (djeld / tā) ketāb
zwei (Band / Stück) Buch
zwei Bücher

دو نفر / تا سرباز / گدا / رقاص / عکاس
do nafar / tā ßar-bāz / gedā / raghghāß / akkāß
zwei Person / Stück Soldat / Bettler / Tänzer / Fotograf
zwei Soldaten / Bettler / Tänzer / Fotografen

Ordnungszahlen

ßar-bāz *„Soldat", von* ßar *„Kopf" und* bāz *„offen"*

Ordnungszahlen bildet man durch Anfügen der Endung -om bzw. -omin an die Grundzahlen. Die Zahlen do und ße werden mit der Endung zusätzlich durch ein verdoppeltes -w- verbunden.

erster	یکم / یکمین	**yekom / yekomin**
zweiter	دوم / دومین	**dowwom / dowwomin**
dritter	سوم / سومین	**ßewwom / ßewwomin**
vierter	چهارم / چهارمین	**tschahārom / tschahāromin**
zehnter	دهم / دهمین	**dahom / dahomin**

Für „erster" kann auch awwal oder awwalin (seltener außerdem nachoßt bzw. nachoßtin) gesagt werden. Die Ordnungszahl awwal und diejenigen mit der Endung -om stehen nach dem Hauptwort und erfordern die -e/-ye-Verbindung:

روز هفتم	درس اول
ruz·e haftom	**darß·e awwal**
Tag-G siebte	*Lektion-G erste*
der siebte Tag	die erste Lektion

Dagegen werden awwal·in und jene mit der Endung -omin stets vor das Hauptwort gestellt, und zwar ohne -e/-ye-Verbindung:

اولين بار	سومين شب
awwalin bār	**ßewwomin schab**
erste Mal	*dritte Nacht*
das erste Mal	die dritte Nacht

Bruchzahlen

Brüche werden aus den Grundzahlen und den Ordnungszahlen gebildet:

يک سوم	**yek ßewwom**	ein Drittel *(eins drittes)*
سه چهارم	**ße tschahārom**	drei Viertel *(drei viertes)*

Die Wörter nim *Hälfte, halb* und rob' *Viertel* werden benutzt, wenn eine ganze Zahl mit einer Bruchzahl verbunden werden soll. Dazwischen wird wieder das o „und" eingefügt.

„Hälfte, halb" heißt auch neßf:

neßf·e nān
Hälfte des Brotes (hier nicht nim!*), aber:*

neßf·e / nim·e schab
Mitternacht

هفت و نيم	پنج و ربع
haft o nim	**pandj o rob'**
sieben und halb	*fünf und viertel*
7 ½ (7,5)	5 ¼ (5,25)

Zahlwörter können mit der Mehrzahlendung hā *eine unbestimmte Anzahl ausdrücken:* hezār·hā parande *„Zigtausende Vögel“*

Wiederholungszahlen

Umstandsangaben, die die Anzahl von Wiederholungen einer Handlung ausdrücken (deutsch mit *-mal*) werden im Persischen mit bār, daf'e oder martabe gebildet.

یک بار / یک دفعه / یک مرتبه	**yek bār / yek daf'e / yek martabe**	einmal
دو بار / دو دفعه / دو مرتبه	**do bār / do daf'e / do martabe**	zweimal

صد بار به تو / بهت / بت گفتم که ...
ßad bār be to / be·h·et / be·t goft·am ke ...
hundert mal zu dir / zu-dir(U) / zu-dir(U) sagte(ich) dass
Ich habe dir hundert Mal gesagt, dass ...

Zeitangaben

Bei Verabredungen ist es empfehlenswert, die Tageszeit mitanzugeben, da ab zwölf Uhr wieder ein Uhr, zwei Uhr usw. gesagt wird.

ßā'at bedeutet sowohl „Uhr“ als auch „Stunde“. Auf die Frage nach der Uhrzeit wird ßā'at mit einem -e der Zahl vorangestellt. Fragt man jedoch nach der Zeitdauer, so muss ßā'at nach der Zahl stehen.

ساعت چند همدیگر را / همدیگه رو ببینیم؟
ßā'at·e tschand ham-digar rā / ham-dige·ro be·bin·im?
Uhr-G wie-viel einander 4 / einander-4(U) dass-sehen(wir)
Um wie viel Uhr wollen wir uns treffen?

ساعت هفت شب
ßā'at·e haft·e schab
Uhr-G sieben-G Abend
sieben Uhr abends

سر ساعت هفت.
ßar·e ßā'at·e haft.
Kopf-G Stunde-G sieben
Genau um sieben Uhr.

دو و پانزده / دو و ربع
do o rob' / do o pānzdah
zwei und ¼ / zwei und 15
2:15 Uhr / 14:15 Uhr

ده و نیم / ده و سی
dah o ßi / dah o nim
zehn und dreißig / zehn und halb
10:30 Uhr

ساعت چند است / چنده؟
ßā'at tschand aßt / tschand·e?
Uhr wie-viel ist(sie) / wie-viel-ist(sie)(U)
Wie spät ist es?

سه پنج کم است / کمه.
ße pandj kam aßt / kam·e.
drei fünf wenig ist(es) / wenig-ist(U)
Es ist fünf vor drei.

سه ربع به دوازده است.
ße rob' be dawāzdah aßt.
drei viertel zu zwölf ist(es)
Es ist viertel nach elf.

ده دقیقه از نه گذشته (است).
dah daghighe az noh gozaschte (aßt).
zehn Minute von neun vergangen (ist(sie))
Es ist zehn nach neun.

نزدیک به هفت و نیم است / نیمه.
nazdik be haft o nim aßt / nim·e.
nahe zu sieben und halb ist(es) / halb-ist(U)
Es ist kurz vor 7:30 Uhr.

پنج دقیقه و ده ثانیه مانده (است) / مونده.
pandj daghighe o dah ßāniye mānde (aßt) / munde.
fünf Minute und zehn Sekunde übrig (ist(sie)) / übrig-ist(U)
Es sind noch fünf Minuten und zehn Sekunden.

سه ساعت صبر کردم.
ße ßā'at ßabr kard·am.
drei Stunde Geduld machte(ich)
Ich habe drei Stunden gewartet.

ساعتم خوابیده / ایستاده (است).
ßā'at·am chābide / ißtāde (aßt).
Uhr-mein eingeschlafen / gestanden (ist(sie))
Meine Uhr ist stehen geblieben.

ساعتم زنگ نزد.
ßā'at·am zang na·zad.
Uhr-mein Klingel nicht-schlug(sie)
Mein Wecker hat nicht geklingelt.

ساعتم جلو / عقب میرود / میره.
ßā'at·am djelou / aghab mi·raw·ad / mi·r·e.
Uhr-mein vorne / hinten geht(sie) / geht(sie)(U)
Meine Uhr geht vor / nach.

ساعتم کوک نیست.
ßā'at·am kuk nißt.
Uhr-mein Aufziehen nicht-ist(sie)
Meine Uhr ist nicht aufgezogen.

ساعتم درست سه است.
ßā'at·am doroßt ße aßt.
Uhr-mein genau drei ist(sie)
Meine Uhr zeigt genau 15:00.

Wochentage

schambe wird im Persischen schanbe geschrieben, aber ein n wird vor b generell wie m ausgesprochen.

Die persische Woche beginnt mit dem Samstag schambe. Der Freitag djom'e entspricht dem westlichen Sonntag.

شنبه	**schambe**	Samstag
یک شنبه	**yek schambe**	Sonntag *(eins Samstag)*
دو شنبه	**do schambe**	Montag *(zwei Samstag)*
سه شنبه	**ße schambe**	Dienstag *(drei Samstag)*
چهار شنبه	**tschahār schambe**	Mittwoch *(vier Samstag)*
پنج شنبه	**pandj schambe**	Donnerstag *(fünf Samstag)*
جمعه	**djom'e**	Freitag

Zeitadverbien

امروز	**emruz**	heute
دیروز	**diruz**	gestern
پریروز	**pariruz**	vorgestern
فردا	**fardā**	morgen
امشب	**emschab**	heute Abend / Nacht
دیشب	**dischab**	gestern Abend / Nacht
پریشب	**parischab**	vorgestern Abend / Nacht
امسال	**emßāl**	dieses Jahr
پارسال	**pārßāl**	voriges Jahr
حالا	**hālā**	jetzt, sofort, gleich
هنوز	**hanuz**	wieder, noch immer
همیشه	**hamische**	immer
گاهی	**gāhi**	manchmal
اغلب	**aghlab**	meistens
هرگز	**hargez**	nie, niemals
پس فردا	**paß fardā**	übermorgen
امروز صبح	**emruz ßobh**	heute Morgen

دیر	**dir**	spät
زود	**zud**	früh
فوراً	**fouran**	sofort
بعد	**ba'd**	danach
هفتهٔ پیش	**hafte·ye pisch**	vorige Woche
هفتهٔ آینده	**hafte·ye āyande**	nächste Woche

امروز چند شنبه است؟
emruz tschand schambe aßt?
heute wie-viel Samstag ist(er)
Welcher Wochentag ist heute?

امروز جمعه است.
emruz djom'e aßt.
heute Freitag ist(er)
Heute ist Freitag.

Tageszeiten

صبح	**ßobh**	Morgen, morgens
شب	**schab**	Abend, Nacht
غروب	**ghorub**	gegen Sonnenuntergang
عصر	**aßr**	(später) Nachmittag
ظهر	**zohr**	Mittag
پیش از ظهر	**pisch az zohr**	vormittags
بعد از ظهر	**ba'd az zohr**	nachmittags
نیم شب /	**nim·e schab /**	Mitternacht
نصف شب	**neßf·e schab**	
وسط شب	**waßt·e schab**	mitten in der Nacht

سال آینده امتحان دارم.
ßāl·e āyande emtehān dār·am.
Jahr-G nächstes Prüfung habe(ich)
Nächstes Jahr habe ich Prüfung.

سال گذشته ایران بودم.
ßāl·e gozaschte irān bud·am.
Jahr-G vergangen Iran war(ich)
Letztes Jahr war ich im Iran.

Neujahr *(nou-ruz)*

Das Kalenderjahr beginnt mit dem Frühlingsanfang. Im Iran fällt der erste Tag des Jahres auf den europäischen Kalendertag 20. / 21. März. An diesem Tag feiert man nou-ruz *neuer Tag*, das Neujahrsfest. Das Fest dauert 13 Tage, wobei die Tage der ersten Woche sowie der 13. Tag als offizielle Feiertage gelten.

Das iranische Neujahrsfest und viele seiner Traditionen stammen aus der altiranischen Antike.

Traditionsgemäß zündet man am Vorabend des letzten Mittwochs des alten Jahres ein Feuer an, das tschahār schambe ßuri. Man trägt Äste zu vielen kleinen Haufen zusammen. Jung und alt, Freunde und Nachbarn springen über das Feuer und singen dabei ein Lied, dass alles Böse und Schlechte von einem fern gehalten werden und dass das neue Jahr Gesundheit und Glück bringen soll.

© MDj

„Heute morgen“

Bis zum Neujahrsfest muss das Haus komplett geputzt (chāne-takāni) werden, und man kleidet sich neu ein. Auf jeden Fall wird am Neujahrstag ein festlicher Tisch, die ßofre bzw. ßofre·ye haft ßin, gedeckt. Auf den Tisch werden sieben (haft) verschiedene Lebensmittel gelegt, die alle mit dem Buchstaben ßin („s“) beginnen:

In der folgenden Tabelle steht in kursiver Schrift in Klammern, was diese Lebensmittel jeweils symbolisieren.

سیب	**ßib**	Apfel *(Gesundheit)*
سرکه	**ßerke**	Essig *(Sauberkeit)*
سیر	**ßir**	Knoblauch *(Medizin)*
سمنو	**ßamanu**	Mehlspeise aus Malz *(Ernte)*
سبزه	**ßabze**	Grünes = Linsen u. Weizenkeime *(Natur)*
سماق	**ßomāgh**	Sumach-Gewürz *(Würze)*
سنجد	**ßendjed**	Mehlbeere *(Liebe)*

Das säuerliche Gewürz Sumach wird meistens für gegrilltes Fleisch (kabāb) *verwendet. Es gilt als typisch iranisch.*

ßabze wird ungefähr einen Monat vor nou-ruz in einem hübschen Behälter ausgesät, so dass es am Neujahrstag eine Höhe von ca. 15 cm hat.
Man bindet eine rote Schleife darum.

Natürlich kommen auch andere Speisen auf den Tisch, z. B. bunt bemalte Eier, Granatäpfel, Brot, aber auch ein Spiegel, Hyanzinthen, Kerzen, ein Goldfisch in einem hübschen Wasserglas und der ghorān *(Koran)*, bei den Zarathustriern deren heiliges Buch, das aweßtā.

Traditionell tritt auch der hādji firuz auf, ein Mann, der sich schwarz angemalt hat. Er trägt eine schwarze Bluse mit einem roten Rock, eine Pluderhose und einen spitzen Magierhut. Mit satirischen Liedern bringt er die Leute zum Lachen. Dafür wird er mit Geldmünzen und Süßigkeiten beschenkt.

Zum Jahreswechsel wünscht man sich:

عید شما مبارک (باشد / باشه)!
eyd·e schomā mobārak (bāsch·ad / bāsch·e)!
Neujahr-G ihr Segen (dass-sei(er) / dass-sei(er)(U))
Frohes Neues Jahr!

سال نو / نوروزتان مبارک (باشد / باشه)!
ßāl·e nou / nou-ruz·etān mobārak (bāsch·ad / bāsch·e)!
Jahr-G neu / neu Tag-euer Segen (dass-sei(er) / dass-sei(er)(U))
Frohes Neues Jahr!

سال نو را به شما تبریک میگویم.

ßāl·e nou rā be schomā tabrik mi·guy·am.

Jahr-G neu 4 zu ihr Glückwunsch sage(ich)

Ich gratuliere Ihnen zum Neuen Jahr.

Neujahrsgeschenke (eydi) werden von Älteren an Jüngere gegeben. Goldmünzen oder ein nagelneuer Geldschein sind am beliebtesten. In den ersten zwölf Tagen besuchen sich Verwandte und Bekannte gegenseitig, und zwar besuchen zuerst die Jüngeren die Älteren. Ein nicht erwiderter Besuch wird als grobe Unhöflichkeit oder gar Beleidigung empfunden. Den 13. Tag (ßizdah be dar), an dem böse Geister ihr Unwesen im Haus treiben sollen, verbringt man möglichst außer Haus, und picknickt im Grünen. Die ßabze nimmt man mit und wirft sie in einen Teich oder Bach, damit irgendwo neues Grün entsteht. Den Goldfisch setzt man ebenfalls in einem Teich aus.

Die Floskel mobārak bedeutet ungefähr „Segnung" oder „Glückwunsch". Man kann sich damit auch zu anderen Ereignissen oder sogar hinsichtlich einer Sache gratulieren:

کریسمس مبارک!

krißmaß mobārak!

Weihnachten Glückwunsch

Frohe Weihnachten!

عید پاک مبارک!
eyd·e pāk mobārak!
Feiertag-G rein Glückwunsch
Frohe Ostern!

تولدت مبارک!
tawallod·at mobārak!
Geburtstag-dein Glückwunsch
Herzlichen Glückwunsch zum Geburtstag!

کت نوات / نوت مبارک!
kot·e nou·at / nou·et / nou·t / no·t mobārak!
Jacke-G neu-dein / neu-dein(U) / neu-dein(U) / neu-dein(U) Glückwunsch
Glückwunsch zu deiner neuen Jacke!

Jahreszeiten *(faßl·hā)*

Umgangssprachlich: bāhār, tābeßtun, pāiz, zemeßtun.

بهار	**bahār**	Frühling
تابستان	**tābeßtān**	Sommer
پائیز / پاییز	**pā'iz / pāyiz**	Herbst
زمستان	**zemeßtān**	Winter

Das iranische Sonnenjahr wird ßāl·e schamßi *oder* ßāl·e chorschidi *genannt, das christliche Jahr* ßāl·e maßihi *(*maßih *Christus) oder* ßāl·e milādi *(*milād *Geburt)*

Monatsnamen

Das persische Jahr, das wie unseres zwölf Monate zählt, beginnt zum Frühlingsanfang am 20. / 21. März (dem nou-ruz) mit dem ersten farwardin.

فروردین	**farwardin**	21.03. – 20.04.
اردیبهشت	**ordi-behescht**	21.04. – 21.05.
خرداد	**chordād**	22.05. – 21.06.
تیر	**tir**	22.06. – 22.07.
مرداد	**mordād**	23.07. – 22.08.
شهریور	**schahriwar**	23.08. – 22.09.
مهر	**mehr**	23.09. – 22.10.
آبان	**ābān**	23.10. – 21.11.
آذر	**āzar**	22.11. – 21.12.
دی	**dey**	22.12. – 20.01.
بهمن	**bahman**	21.01. – 19.02.
اسفند	**eßfand**	20.02. – 20.03.

Die ersten sechs Monate haben 31 Tage, die nächsten fünf Monate 30 Tage, und der letzte Monat im Jahr hat 29 Tage (in einem Schaltjahr 30 Tage).

Die auf die altiranische Antike zurückgehenden persischen Monatsnamen haben jeweils eine feste Bedeutung. Der Name mordād *(„sterben") stand ursprünglich für* amordad *„unsterblich".*

Das Datum wird von rechts nach links geschrieben, also mit dem Jahr zuerst, aber wie bei uns gesprochen. Man kann vor den Tag noch ruz·e, vor den Monat māh·e und vor das Jahr ßāl·e setzen.

چهارم یازده هزار و سیصد و نود و یک

tschahārom·e yāzdah·e hezār o ß·ißad o nawad o yek

1391/11/4 = 23. 01. 2013

oder kürzer: tschahār·e yāz·dah·e nawad o yek

امروز چندم است / چندمه؟

em·ruz tschandom aßt / tschandom·e?

heute wievielter ist(er) / wievielter-ist(er)(U)

Der Wievielte ist heute?

امروز هفتم تیر است / تیره.

emruz haftom·e tir aßt / tir·e.

heute siebte-G Tir ist(er) / Tir-ist(er)(U)

Heute ist der siebte Tir.

Die Monate des westlichen Kalenders benennt man mit den französischen Bezeichnungen.

Tourist vor dem Relief der Investitur Ardeschirs II., Tāgh-e Bostān (bei Kermānschāh)

Mini-Knigge

Als Frau sollten Sie Ihre Kleidung an die Sitten des Landes anpassen. Sie brauchen keinen Schleier, den tschādor *(Zelt)* zu tragen, aber auf jeden Fall ein großes Kopftuch (rußar·i) und einen langen Mantel (mānto), der bis zu den Knien reichen muss. Haare dürfen normalerweise nicht zu sehen sein, aber es ist wie bei der Schminke: Mal wird es streng, mal nicht so streng geahndet. In der Öffentlichkeit ist das Tragen von kurzen Röcken oder ärmelloser und eng sitzender Kleidung unzulässig!

Es gibt in moslemischen Gesellschaften bestimmte Gepflogenheiten, nach denen Sie sich richten müssen – besonders als Frau! Bedenken Sie, dass Sie sich in einem anderen Kulturkreis bewegen, der sich in den Wert- und Verhaltensnormen von Ihrem Heimatland unterscheidet. Versuchen Sie das Wertesystem des Gastlandes als kulturgebunden zu akzeptieren. Das Nichtbeachten kann unerwünschte Reaktionen auslösen!

Wenn Sie als Frau eine Reise in ein islamisches Land planen, würde ich Ihnen empfehlen, diese Reise nur in Begleitung anzutreten! Wenn Sie alleine reisen, ist die Gefahr, von einigen Männern als „Freiwild“ betrachtet zu werden, besonders groß. Das Knüpfen von Freundschaften zu Männern sollte daher gemieden werden. Auf irgendwelche

Sollten Sie unterwegs als Frau einen männlichen Reisenden treffen (und sei es auch ein Bekannter von ihnen), oder umgekehrt, bloß nicht vor Freude ihm / ihr um den Hals fallen! Küsschen hier, Küsschen dort, Händchenhalten, Umarmungen, Streicheln – all das ist nur unter völligem Ausschluss der Öffentlichkeit möglich.

Kontaktwünsche oder Annäherungsversuche sollten Sie sich nicht einlassen. Werden Sie auf der Straße angesprochen, reagieren Sie absolut nicht darauf, denn die kleinste Reaktion kann als Provokation ausgelegt werden. Müssen Sie sich nach einer Straße, Behörde usw. erkundigen, fragen Sie immer eine Frau.

Männer

In islamischen Ländern sollten Sie als Mann keine fremde Frau ansprechen oder gar Annäherungsversuche unternehmen.

Was die Kleidung angeht, ist es nicht üblich einen Schlips (kerāwāt) umzubinden, da dieser als westlich gilt. Bedecken Sie Ihren Oberkörper und tragen Sie keine kurzärmligen Hemden und auch keine kurzen Hosen.

wichtige Regeln

Während des Fastenmonats ramazān darf von Sonnenaufgang bis Sonnenuntergang weder gegessen, getrunken noch geraucht werden.

Auch Sex ist dann nicht erlaubt!

Auf den Koran darf kein anderes Buch oder ein anderer Gegenstand gelegt werden. Während man den Koran liest, darf nicht gegessen, getrunken oder geraucht werden. Wenn jemand im Koran liest oder betet, darf er / sie nicht gestört bzw. angesprochen werden.

Das Essen von Schweinefleisch und nicht ausgeblutetem Fleisch (d. h. das Fleisch, das nicht aus einer rituellen Schlachtung kommt) ist verboten (harām / harum *(U) unrecht*).

Das Trinken von alkoholischen Getränken ist ebenfalls verboten! Inzwischen gibt es aber alkoholfreies Bier.

Ziehen Sie Ihre Schuhe aus, wenn Sie in eine Moschee gehen. Nur in ganz wenigen Moscheen ist das Tragen der Schuhe erlaubt. Schuhe werden im Allgemeinen auch ausgezogen, wenn man ein Haus betritt.

Die linke Hand ist unrein, da man sich mit dieser z. B. auf der Toilette reinigt. Daher sollte man mit der linken Hand keine Nahrung anfassen oder andere Leute begrüßen.

Hunde gelten als unrein. Also nicht mit ihnen spielen, sie berühren oder füttern.

Es ist verboten Militärgelände oder amtliche Einrichtungen wie Polizeistationen, aber auch bestimmte Moscheen zu fotografieren bzw. zu filmen. Respektieren Sie es, wenn Personen nicht fotografiert werden möchten. Versetzen Sie sich bitte z. B. in der Lage, ob sie beim Beten in der Kirche fotografiert werden möchten.

Anrede

Die offizielle Anredeform ist bei der Frau chānom und beim Mann āghā. Es wird generell gesiezt. Duzen ist sehr vertraulich; es ist vornehmlich in der Familie und unter guten Freunden üblich.

رئیس	**ra'iß**	Direktor, Chef
جناب	**djenāb**	Exzellenz
دوشیزه	**duschize**	Fräulein
خانم	**chānom**	Frau
آقا	**āghā**	Herr
استاد	**oßtād**	Professor
حاجی	**hādjdji**	Mekkapilger

Aus Höflichkeit werden meist mehrere Anreden zugleich benutzt, z. B.: djenāb·e āghā·ye ra'iß … *Ebenso wird ein Mädchen häufig mit* duschize chānom *angeredet.*

Anrede

Zur Bedeutung der unten genannten Personennamen:
panāh *„Zuflucht"*
āzād *„frei"*
zibā *„schön"*
moghaddaß *„heilig, Heiligtum"*

Bei der förmlichen Anrede werden āghā, chānom, djenāb mit -e/-ye-Verbindung versehen, wenn diese Wörter dem Namen vorangestellt werden. Vor- und Nachnamen können auch umgangssprachlich mit -e / -ye verbunden werden.

آقای دکتر پناه	**āghā·ye doktor panāh**	Herr Doktor Panah
خانم آزاد	**chānom·e āzād**	Frau Azad
نرگس زیبا	**nargeß·e zibā**	Narges Ziba
رضا مقدس	**rezā moghaddaß**	Reza Moghaddas

Die Ehefrauen von Ärzten, Ingenieuren usw. werden aus Höflichkeitsgründen ebenfalls mit den Titeln ihrer Männer geschmückt.

In diesem Fall gibt es keine -e/-ye-Verbindung.

Eine etwas lockerere Anredeform erfolgt dadurch, dass man den Vornamen bzw. Nachnamen dem āghā bzw. der chānom voranstellt.

مروارید خانم سلام.
morwārid chānom ßalām.
Perle(Madchenname) Frau Friede
Guten Tag, Frau Morwarid!

علی آقا خدا حافظ.
ali āghā chodā-hāfez.
Ali Herr Gott-Beschützer
Gott schütze Sie, Herr Ali! / Auf Wiedersehen, Herr Ali!

Auch nicht so nahestehende Personen können so wortreich angeredet werden, aber dann sind noch zusätzlich formelle Anredeformen erforderlich.

Die vertrauliche Anrede erfolgt durch den Vornamen, Titel usw. und djān / djun *(U) Seele / Leben*, aziz *lieb* oder mehrabān / mehrabun *(U) lieb, gütig*. Es sind auch ellenlange Kombinationen dieser Ausdrücke möglich. Das wirkt auf die Iraner nicht kitschig, sondern ehrt sie!

مادر جان	**mādar djān**	liebe Mutter
خواهر جان عزیز	**chāhar djān·e aziz**	liebe, liebe Schwester
خاله عزیز	**chāle·ye aziz**	liebe Tante
دوست مهربان	**dußt·e mehrabān**	liebe(r) Freund(in)
فرزند عزیزم	**farzand·e aziz·am**	mein liebes Kind

Redewendungen

Die übliche Begrüßung im Iran heißt ßalām. Sie steht für „Guten Morgen", „Guten Tag", „Guten Abend" und bedeutet *Frieden*.

سلام، حالتان چطور است؟

ßalām, hāl·etān tsche-tour aßt?

Frieden Zustand-euer wie-Art ist(er)

Guten Tag, wie geht es Ihnen?

سلام، مرسی، حال من خوب است.

ßalām, merßi, hāl·e man chub aßt.

Frieden danke Zustand-G ich gut ist(er)

Guten Tag, danke, es geht mir gut.

حال شما چطور است، خوب هستید؟

hāl·e schomā tsche-tour aßt, chub haßt·id?

Zustand-G ihr wie-Art ist gut seid(ihr)

Wie geht es Ihnen, geht es Ihnen gut?

Mit einem Smartphone können Sie sich die mit einem gekennzeichneten Sätze dieses Kapitels anhören. Scannen Sie einfach den QR-Code mit Hilfe einer kostenlosen App (z. B. „Barcoo" oder „Scanlife").

مرسی، حال من بد نیست.

merßi, hāl·e man bad nißt.

danke Zustand-G ich schlecht nicht-ist(er)

Danke, mir geht es nicht schlecht.

حال شما خوب است؟

hāl·e schomā chub aßt?

Zustand-G ihr gut ist(er)

Geht es Ihnen gut?

Bei der Abschiedsfloskel chodā-hāfez *gilt wiederum, dass die umgangssprachliche Variante zwar im Prinzip in persischer Schrift geschrieben werden kann, dies aber ganz unüblich ist.*

So kann es eine Weile weitergehen, ohne dass jemand diese Wiederholungen als störend empfindet. Als nächstes erkundigt man sich nach dem gleichen Schema nach dem Befinden der Verwandten, meist Mutter, Vater und Geschwister, denen man auch beim Verabschieden Grüße ausrichtet.

سلام مرا به ... برسانید.
ßalām·e ma·rā be ... be·raßān·id.
Frieden-G ich-4 zu ... hinbringt(ihr)
Grüßen Sie ... von mir!

مرسی، سلام مرا هم به ... برسانید.
merßi, ßalām·e ma·rā ham be ... be·raßān·id.
danke Frieden-G ich-4 auch zu ... hinbringt(ihr)
Danke, grüßen Sie auch ... von mir!

خدا حافظ / خدافظ.
chodā-hāfez / chodā-fez!
Gott-Beschützer / (U)
Auf Wiedersehen! / Gott schütze Sie!

خدا نگهدار.
chodā negah-dār.
Gott beschützend
Gott schütze Sie! / Auf Wiedersehen!

تا بعد.
tā ba'd!
Bis dann!

Guten Morgen / Guten Tag / Gute Nacht

Für„guten Morgen“, „guten Tag“, „guten Abend“ beschränkt man sich üblicherweise auf ßalām. Sie können aber auch Folgendes sagen:

صبح بخیر.	**ßobh be·cheyr.**	Guten Morgen!
روز بخیر.	**ruz be·cheyr.**	Guten Tag!
شب بخیر.	**schab be·cheyr.**	Guten Abend! / Gute Nacht!

Danke

Im Allgemeinen genügt es, wenn man sich mit merßi bedankt. Geläufig sind auch folgende Dankesfloskeln:

taschakkor kardan
= sich bedanken

تشکر میکنم.
taschakkor mi·kon·am.
Dank mache(ich)
Ich bedanke mich.

خیلی ممنون / ممنونم.
cheyli mamnun / mamnun·am.
sehr dankbar / dankbar(ich)
Danke sehr / schön.

قلباً تشکر میکنم.
ghalban taschakkor mi·kon·am.
herzlich Dank mache(ich)
Ich bedanke mich herzlich. / Herzlichen Dank.

mamnun budan / motaschakker budan
= dankbar sein

متشکرم.
motaschakker·am / motschakker·am.
dankbar-bin(ich) / dankbar-bin(ich)(U)
Ich bedanke mich. / Danke schön.

Die Schreibweise ändert sich in der umgangssprachlichen Form nicht.

Bitte

Als Antwort auf „Danke“ oder „Entschuldigung“ sagt man Folgendes:

خواهش میکنم.
chāhesch mi·kon·am.
Bitte mache(ich)
Keine Ursache. / Bitte sehr.

Bei Aufforderung, Bitte oder Wunsch verwendet man generell lotfan *bitte* oder chāhesch *Bitte*:

لطفاً کمی بلندتر صحبت بکنید.
lotfan kam·i boland·tar ßohbat be·kon·id.
bitte etwas lauter Gespräch macht(ihr)
Bitte sprechen Sie etwas lauter!

خواهش میکنم سیگار نکشید.
chāhesch mi·kon·am ßigār na·kesch·id.
Bitte mache(ich) Zigarette nicht-zieht(ihr)
Ich bitte Sie, nicht zu rauchen.

Im Sinne von „Wie bitte, was haben Sie gesagt?“ muss man allerdings so fragen:

بله، چی گفتید / فرمودید؟
bale, tschi goft·id / farmud·id?
ja was sagtet(ihr) / befahlt(ihr)
Wie bitte, was haben Sie gesagt?

معذرت میخواهم، نفهمیدم.
ma'zerat mi·chāh·am, na·fahmid·am.
Entschuldigung will(ich) nicht-verstand(ich)
Entschuldigen Sie, ich habe nicht verstanden.

Entschuldigung

Eine Möglichkeit sich zu entschuldigen, kennen Sie bereits. Es geht aber auch mit bachschidan *verschenken / entschuldigen*:

ببخشید، لطفاً کمکم بکنید.
be·bachsch·id, lotfan komak·am be·kon·id.
entschuldigt(ihr) bitte Hilfe-mein macht(ihr)
Entschuldigen Sie, bitte helfen Sie mir!

میبخشید، این یعنی چی؟
mi·bachsch·id, in ya'ni tschi?
entschuldigt(ihr) dieses nämlich was
Entschuldigen Sie, was bedeutet das?

عذر میخواهم من وقت ندارم.
ozr mi·chāh·am man waght na·dār·am.
Entschuldigung will(ich) ich Zeit nicht-habe(ich)
Entschuldigen Sie, ich habe keine Zeit.

„Höflichkeitsfloskeln"

Die meisten der folgenden Floskeln können einen ironischen Unterton haben. Man sollte sie nur verwenden, wenn man sich sicher ist, dass es keine Missverständnisse gibt.

Oft wird das Wort ghorbān *(Opfer)* als Zeichen der Treue, Opferbereitschaft, Dankbarkeit gebraucht. Besonders wird es in Briefen als Abschiedsgruß und beim Beenden eines Telefonats gebraucht. Oft sagt man es zu Kindern und drückt so aus, wie niedlich sie sind.

Eine der wichtigsten Höflichkeitsregeln, die man beachten sollte, ist, dass man einem anderen nicht den Rücken zukehrt. Außerdem sollte lautes Schnäuzen unterlassen werden!

قربانت.
ghorbān·at.
Opfer-dein
Ich bin dir treu ergeben.

Folgendes sagt man, wenn man etwas Bestimmtes tun will, sein Vorhaben dann aber ausführt, ohne auf die Antwort zu warten, so etwa wenn man möchte, dass einem beim Vorbeigehen Platz gemacht wird.

بااجازه.
bā edjāze.
mit Erlaubnis
Darf ich?

Will man sich von jemandem verabschieden, kann man sagen:

فرمایشی ندارید؟
farmāyesch·i na·dār·id?
Befehl-ein nicht-habt(ihr)
Haben Sie noch einen Wunsch?

Folgenden Ausdruck benutzt man gerne, auch wenn man sich nicht persönlich kennt, um zum Ausdruck zu bringen, dass das Gegenüber hoffentlich nicht von der Arbeit bzw. vom Alltag ermüdet und erschöpft ist:

خسته نباشید.

chaßte na·bāsch·id.

müde dass-nicht-seiet(ihr)

Ich hoffe, Sie sind nicht ermüdet.

Wenn man sich mit Nachdruck für eine Sache bedanken will, sagt man:

دست شما درد نکند / نکنه.

daßt·e schomā dard na·kon·ad / na·kon·e.

Hand-G ihr Schmerz dass-nicht-mache(sie) / dass-nicht-mache(sie)(U)

Möge Ihre Hand nicht schmerzen!

= Vielen Dank für Ihre Mühe!

Der folgende Ausdruck, den Sie besonders oft beim Bezahlen oder Bewundern eines Gegenstandes zu hören bekommen, soll nicht bedeuten, dass Sie den Gegenstand nicht bezahlen müssen bzw. ihn behalten dürfen.

قابل / قابلی ندارد / نداره.

ghābel / ghābel·i na·dār·ad / na·dār·e.

Wert / Wert(-ein) nicht-hat(es) / nicht-hat(es)(U)

Es ist nicht der Rede wert!

Sonstiges

واقعاً؟

wāghe'an?

Wirklich?, Tatsächlich!

خب؟

chob?

Und?, Und dann?

Redewendungen

خیلی خب.
cheyle chob!
In Ordnung!, Schon gut!

باشه!
bāsch·e!
Einverstanden!

البته!
albatte!
Sicher!, Gewiss doch!

مهم نیست!
mohem nißt!
Keine Ursache!

این محاله.
in mahāl·e!
Das ist unmöglich!

راستی؟
rāßti?
Ach ja?, Ist das wahr?

چطور؟
tsche-tour?
Wie denn das?

حالا؟
hālā?
Und nun / jetzt?

موفق باشید!
mowaffagh bāsch·id!
Viel Glück!

Ausrufe

ای وای	**ey wāy**	Ach, du lieber Himmel!
وای خدا / یا خدا	**wāy chodā / yā chodā**	O Gott!, Ach du großer Gott!
به به	**bah bah**	Toll!, Hmm, wie schön! *(für Geruch)*
ده	**de**	Äh, was du nicht sagst!
هان	**hān**	Was?, Ja?, Was ist denn?
آهان	**āhān**	Ach so!
آهای	**āhāy**	Hallo, Sie da!
آفرین	**āfarin**	Bravo!, Prima!
حیف / افسوس	**heyf / afßuß**	Schade!
عجب	**adjab**	Das gibt's doch nicht!, Na so was!
اه	**ah**	Igitt!

hey bedeutet „immer wieder, andauernd":

چرا هی میخندی؟
tscherā hey mi·chand·i?
warum andauernd lachst(du)
Warum lachst du andauernd?

Religion & Alltagskultur

Bis auf eine kleine Minderheit sind die Iraner Moslems und gehören der schiitischen Richtung innerhalb des Islams an. Die Religion Altirans vor der Islamisierung war die des Propheten Zartoscht (Zarathustra). Sie lebt in der kleinen Minderheit der Zartoschtis (Zarathustrier) fort.

Das zarathustrische Symbol fravahar *besagt u. a.: Gutes denken! Gutes sagen! Gutes tun!*

Fravahar

Religion

دین / مذهب	**din / mazhab**	Religion, Glaube
مقدس	**moghaddaß**	heilig, Heiligtum
نماز / دعا	**namāz / do'ā**	Gebet
مسیحی	**maßihi**	Christ, christlich
یهودی / کلیمی	**yahudi / kalimi**	Jude, jüdisch
زرتشتی / زردشتی	**zartoschti / zardoschti**	Zarathustrier
مسجد	**maßdjed**	Moschee
پیغمبر	**poygham-bar**	Prophet *(Botschafter)*
آخوند / ملا	**āchund / mollā**	geistlicher Prediger
شیخ	**scheych**	Scheich

سید	**ßeyyed**	Nachkomme des Propheten
بهشت	**behescht**	Paradies
جهنم	**djahanam**	Hölle
کلیسا	**kelißā**	Kirche
صلیب	**ßalib**	Kreuz
زنگ	**zang**	Glocke, Klingel
کشیش	**keschisch**	Priester
راهبه	**rāhebe**	Nonne
قسم / سوگند	**ghaßam / ßougand**	Schwur, Eid
حقیقت	**haghighat**	Wahrheit
دروغ	**dorugh**	Lüge
رمضان	**ramazān**	Fastenmonat

Im Fastenmonat ramazān wird von Sonnenaufgang bis Sonnenuntergang weder gegessen, getrunken noch geraucht. Bitte nehmen Sie Rücksicht und halten Sie sich in der Öffentlichkeit strengstens an diese Regeln!

تو روزه نمیگیری؟
to ruze ne·mi·gir·i?
du Fasten nicht-nimmst(du)
Fastest du nicht?

چرا، من روزه میگیرم.
tscherā, man ruze mi·gir·am.
warum ich Fasten nehme(ich)
Doch, ich faste.

Verreisen bei den Iranern

Wer eine Reise antreten will, verabschiedet sich von den nahen Verwandten und Freunden und begibt sich damit gleichzeitig in die Gefahr, mit tausend Geschenkwünschen, die direkt oder indirekt zum Ausdruck kommen, überhäuft zu werden. Von der Reisenden –

nehmen wir an, sie heißt parwāne *Schmetterling* – wird „im Stillen“ erwartet, dass sie von der Reise ein Geschenk (ßoughāti) mitbringt. Wer kann, begleitet parwāne bis zum Abfahrtsort und schenkt ihr meist Süßigkeiten. Manchmal – dies ist etwas altmodisch – wird nach ihrer Abreise von der Familie āsch·e reschte, eine dickflüssige Suppe aus selbstgemachten Nudeln, mit Hülsenfrüchten, Petersilie, Dill usw., gekocht, und Verwandte und Freunde werden eingeladen. Bei der Begrüßung gedenken die Eingeladenen der Verreisten mit den Worten:

djā·ye … chāli na·bāsch·ad / na·bāsch·e *oder* djā·(y)eschān / djā·schun *(U)* chāli *sagt man üblicherweise, wenn jemand bei einem Ereignis, Treffen usw. nicht anwesend ist oder war.*

جای پروانه خالی (نباشد).
djā·ye parwāne chāli (na·bāsch·ad).
Ort-G Schmetterling leer dass-nicht-sei(er)
Möge der Platz der Verreisten nicht leer bleiben!

Selbstverständlich wird parwāne in den meisten Fällen bei ihrer Rückkehr wieder abgeholt und dann von den Verwandten und Freunden zu Hause besucht, die im Geheimen auch neugierig auf die mitgebrachten ßoughāti sind.

Verkauf von Reiseverpflegung

chub „gut" wird umgangssprachlich oft als chob mit der Bedeutung „na (dann)" ausgesprochen.

خب، تعرف بکن، خوش گذشت؟
chob, ta'rif be·kon, chosch gozascht?
gut Schilderung mache(du) glücklich verbracht
Na dann, erzähl schon, war es schön?

Meist fängt parwāne dann so an:

مرسی، جای شما خالی، خیلی خوش گذشت.
merßi, djā·ye schomā chāli, cheyli chosch gozascht.
danke Ort-G ihr leer sehr glücklich verbracht
Danke, euer Platz war leer, es war sehr schön.

Wenn parwāne keine ßoughāti verteilt, dann wird sie halb scherzhaft gefragt:

خب، پس سوغاتی ما کو؟
chob, paß ßoughāti·ye mā ku?
gut dann Reisegeschenk-G wir wo
Na, wo bleibt denn unser Reisegeschenk?

استراحت	**eßterāhat**	Erholung, Ruhe
گردش	**gardesch**	Spaziergang
تعطیلات	**ta'tilāt**	Ferien
فرهنگ	**farhang**	Kultur
برگشت	**bar·gascht**	Rückkehr
رسم / آداب	**raßm / ādāb**	Sitte, Brauch
سفر / مسافرت	**ßafar / moßāferat**	Reise
مرخصی	**morachchaßi**	Urlaub
آفریقا	**āfrighā**	Afrika
آمریکا	**āmrikā**	Amerika
آسیا	**āßiyā**	Asien
استرالیا	**oßtorāliyā**	Australien
اروپا	**orupā**	Europa

Zu Gast sein

Als Gast wird man mit Gastfreundschaft regelrecht überschüttet. Man wird ständig aufgefordert, etwas zu essen oder etwas zu erzählen, am liebsten natürlich über die liebe Verwandtschaft. Ist man zu Mittag oder zum Abendessen eingeladen, wird der Tisch großzügig mit verschiedenen würzigen Speisen gedeckt. In vielen Haushalten, besonders auf dem Lande, wird auf dem Fußboden gegessen. Hierzu wird ein Tischtuch (سفره ßofre) ausgebreitet, und man setzt sich um dieses herum. Abgezählte Mengen und Stücke je Person gibt es nicht! Auch wenn man im Grunde satt ist, sollte man nach Möglichkeit nicht ablehnend reagieren. Man darf auf gar keinen Fall versäumen, immer wieder die Kochkünste der Hausfrau zu loben:

Mit einem Smartphone können Sie sich die mit einem gekennzeichneten Sätze dieses Kapitels anhören.

Wer unangemeldet zum Mittagessen oder zum Abendbrot Leute besucht, wird garantiert aufgefordert zu bleiben und mitzuessen. Das verlangt die Gastfreundschaft.

به به، غذا چه خوشمزه است!
bah bah, ghazā tsche chosch-maze aßt!
hmm hmm Essen wie wohl-Geschmack ist(es)
Hmm, das Essen schmeckt hervorragend!

Aber der Reihe nach! So wird man begrüßt:

خوش آمدید، بفرمایید تو.
chosch āmad·id, be·farmāy·id tu.
fröhlich kamt(ihr) befehlt(ihr) hinein
Herzlich willkommen, treten Sie ein!

بفرمایید بنشینید.
be·farmāy·id be·neschin·id.
befehlt(ihr) (dass-)setzt(ihr)
Bitte nehmen Sie Platz!

اسمتان چی است؟
eßm·etān tschi aßt?
Name-euer was ist(er)
Wie heißen Sie?

اسم من پتر است.
eßm·e man peter aßt.
Name-G ich Peter ist(er)
Ich heiße Peter.

من پترم.
man peter·am.
ich Peter-bin(ich)
Ich bin Peter.

Umgangssprachlich sagt man: eßm·am peter·e.

شما فارسی میفهمید؟
schomā fārßi mi·fahm·id?
ihr Persisch versteht(ihr)
Verstehen Sie Persisch?

شما (زبان) فارسی بلد هستید؟
schomā (zabān·e) fārßi balad haßt·id?
ihr (Sprache-G) Persisch wissen seid(ihr)
Können Sie Persisch sprechen?

بله، من کمی فارسی میفهمم.
bale, man kami fārßi mi·fahm·am.
ja ich bisschen Persisch verstehe(ich)
Ja, ich kann etwas Persisch.

من فارسی خوب بلد نیستم.
man fārßi chub balad nißt·am.
ich Persisch gut wissen nicht-bin(ich)
Ich kann nicht gut Persisch.

لطفاً این را به فارسی بنویسید.
lotfan in rā be fārßi be·newiß·id.
bitte dieses 4 in Persisch schreibt(ihr)
Schreiben Sie dies bitte auf Persisch auf!

این را به فارسی چی میگویند / میگن؟
in rā be fārßi tschi mi·guy·and / mi·g·an?
dieses 4 in Persisch was sagen(sie) / sagen(sie)(U)
Wie sagt man das auf Persisch?

شما اهل کجا هستید؟
schomā ahl·e kodjā haßt·id?
ihr Bürger-G wo seid(ihr)
Wo kommen Sie her?

من آلمانی هستم / آلمانیم.
man ālmāni haßt·am / ālmāni·yam.
ich Deutscher bin(ich) / Deutscher-bin(ich)
Ich bin Deutsche(r).

چقدر ایران میمانید؟
tsche-ghadr irān mi·mān·id?
was-wert Iran bleibt(ihr)
Wie lange bleiben Sie im Iran?

شاید دو سه هفته.
schāyad do ße hafte.
vielleicht zwei drei Woche
Vielleicht zwei, drei Wochen.

شما چند سالتان است / سالتونه؟
schomā tschand ßāl·etān aßt / ßāl·etun·e? !
ihr wie-viel Jahr-euer ist(es) / Jahr-euer-ist(es)(U)
Wie alt sind Sie?

ßāl·am *nicht mit* ßalām *verwechseln!*

من بیست و هفت سالم است / سالمه.
man bißt o haft ßāl·am aßt / ßāl·am·e.
ich zwanzig und sieben Jahr-mein ist(es) / Jahr-mein-ist(es)(U)
Ich bin 27 Jahre alt.

شما ازدواج کردهاید؟
schomā ezdewādj karde·id?
ihr Heirat gemacht-habt(ihr)
Sind Sie verheiratet?

شما بچه دارید؟
schomā batschtsche dār·id?
ihr Kind habt(ihr)
Haben Sie Kinder?

بله، من سه تا بچه دارم.
bale, man ße tā batschtsche dār·am.
ja ich drei Stück Kind habe(ich)
Ja, ich habe drei Kinder.

modjarrad *„ledig"*
mota'ahhel *„verheiratet"*

Im letzten Satz muss man tā *sagen, nicht etwa* nafar *„Person"!*

ما نامزد هستیم.
mā nāmzad haßt·im.
wir Verlobte(r) sind(wir)
Wir sind verlobt.

من طلاق گرفته‌ام.
man talāgh gerefte·am
ich Scheidung genommen(bin)
Ich bin geschieden.

ما با هم زندگی میکنیم.
mā bā·ham zendegi mi·kon·im.
wir mit-alle Leben machen(wir)
Wir leben zusammen.

من تنها سفر میکنم.
man tanhā ßafar mi·kon·am.
ich allein Reise mache(ich)
Ich reise allein.

میبخشید که دیر کردم.
mi·bachsch·id ke dir kard·am.
entschuldigt(ihr) dass spät machte(ich)
Entschuldigen Sie, dass ich mich verspätet habe!

شغل شما چی است؟
schoghl·e schomā tschi aßt?
Beruf-G ihr was ist(er)
Was ist Ihr Beruf?

من ... هستم.
man ... haßt·am.
ich ... bin(ich)
Ich bin ... .

Viele Berufsbezeichnungen für Handwerker kann man mit dem Wort forusch *Verkauf* und dem entsprechenden Gegenstand, der verkauft wird, bilden.

گل فروش	**gol-forusch**	Blumenhändler
طلا فروش	**talā-forusch**	Goldjuwelier
نقره فروش	**noghre-forusch**	Silberjuwelier
قالی فروش / فرش فروش	**ghāli-forusch / farsch-forusch**	Teppichhändler
پارچه فروش	**pārtsche-forusch**	Stoffhändler
کتاب فروش	**ketāb-forusch**	Buchhändler
ساعت ساز	**ßā'at-ßāz**	Uhrmacher

قناد	**ghannād**	Konditor
نانوا	**nānwā**	Bäcker
قصاب	**ghaßßāb**	Fleischer
نجار	**nadjdjār**	Tischler
خیاط	**chayyāt**	Schneider
باغبان	**bāgh-bān**	Gärtner
کفاش	**kaffāsch**	Schuster
تاجر / بازرگان	**tādjdjer / bāzar-gān**	Kaufmann
عکاس	**akkāß**	Fotograf
دلال	**dallāl**	Makler
منشی	**monschi**	Sekretär
معلم / آموزگار	**mo'allem / āmuz(e)-gār**	Lehrer
نویسنده	**newißande**	Schriftsteller
مترجم	**motardjem**	Übersetzer
مهندس	**mohandeß**	Ingenieur
وکیل	**wakil**	Anwalt
سرایدار	**ßarāydār**	Hausmeister
بازنشسته	**bāz-neschaßte**	Rentner

من کارگر / کارمند اداره هستم.
man kār-gar / kār·mand·e edāre haßt·am.
ich Arbeiter / Angestellter-G Büro bin(ich)
Ich bin Arbeiter / Büroangestellter.

من بی کار هستم / بی کارم.
man bi·kār haßt·am / bi·kār·am.
ich ohne-Arbeit bin(ich) / ohne-Arbeit-bin(ich)
Ich bin arbeitslos.

من کار آزاد میکنم.
man kār·e āzād mi·kon·am.
ich Arbeit-G frei mache(ich)
Ich bin freiberuflich tätig.

از دعوت شما خیلی تشکر میکنم.

az da'wat·e schomā cheyli taschakkor mi·kon·am.
von Einladung-G ihr sehr Dank mache(ich)
Ich bedanke mich sehr für Ihre Einladung.

Sehr gerne wird bei solchen Danksagungen noch zusätzlich gesagt: daßt·e schomā dard na·kon·ad. *„Möge Ihre Hand nicht schmerzen!" = „Vielen Dank für Ihre Mühe!"*

die liebe Verwandtschaft

Traditionell spielt die Großfamilie und die Pflege von verwandtschaftlichen Beziehungen in der iranischen Gesellschaft eine große Rolle. Nicht selten werden aus Gründen des Familienzusammenhalts Ehen innerhalb der Verwandtschaft geschlossen. Junge Männer und Frauen bleiben so lange im Hause der Eltern, bis sie heiraten. Bei den heranwachsenden Töchtern wird strengstens auf ihre Keuschheit geachtet.

Während der Sohn mit der Volljährigkeit die Zustimmung des Vaters für eine Eheschließung nicht benötigt, ist dessen Einwilligung bei der Tochter, unabhängig vom Alter, immer notwendig.

Wenn ein Paar heiratet, dann gratuliert man nicht nur den beiden, sondern auch ihren Verwandten. Jeder möchte auf der Hochzeitsfeier dabei sein. Erstens gibt es reichlich zu essen, zweitens können sich junge Leute dort kennen lernen, und drittens, was noch wichtiger ist, können neue Paare von den Verwandten „ins Auge gefasst" werden.

Wenn unter Freunden bekannt bzw. gemunkelt wird, dass jemand heiraten will, dann wird er bzw. sie geneckt:

schirin *„süß" ist auch ein beliebter Mädchenname.*

شیرینی کی میدهی / میدی؟

schirini key mi·dah·i / mi·d·i?
Süßigkeit wann gibst(du) / gibst(du)(U)
Na, wann gibt's den Hochzeitskuchen?

Familie (chāne·wāde)

پدر	**pedar**	Vater
مادر	**mādar**	Mutter
براد	**barādar**	Bruder
خواهر	**chāhar**	Schwester
پدر بزرگ	**pedar-bozorg**	Großvater
مادر بزرگ	**mādar-bozorg**	Großmutter
بچه	**batschtsche**	Kind, Nachwuchs
نوه	**nawe**	Enkel, Enkelin
عمو	**amu**	Onkel *väterlicherseits*
دائی (دایی)	**dā'i (dāyi)**	Onkel *mütterlicherseits*
عمه	**amme**	Tante *väterlicherseits*
خاله	**chāle**	Tante *mütterlicherseits*
برادر زاده	**barādar-zāde**	Neffe, Nichte *(Kind des Bruders)*
خواهر زاده	**chāhar-zāde**	Neffe, Nichte *(Kind der Schwester)*
پسر برادر	**peßar-barādar**	Neffe *(Sohn des Bruders)*
پسر خواهر	**peßar-chāhar**	Neffe *(Sohn der Schwester)*
دختر برادر	**dochtar-barādar**	Nichte *(Tochter des Bruders)*
دختر خواهر	**dochtar-chāhar**	Nichte *(Tochter der Schwester)*
پسر عمه	**peßar-amme**	Cousin *väterlicherseits*
پسر خاله	**peßar-chāle**	Cousin *mütterlicherseits*
دختر عمه	**dochtar-amme**	Cousine *väterlicherseits*
دختر خاله	**dochtar-chāle**	Cousine *mütterlicherseits*
پدر شوهر	**pedar-schouhar**	Schwiegervater *(Vater des Mannes)*
پدر زن	**pedar-zan**	Schwiegervater *(Vater der Frau)*
مادر شوهر	**mādar-schouhar**	Schwiegermutter *(Mutter des Mannes)*
مادر زن	**mādar-zan**	Schwiegermutter *(Mutter der Frau)*

„Nachbar“ heißt auf Persisch ham-ßāye. Nach Feierabend treffen sich Nachbarn, jung und alt, gern vor der Haustür zu einem kleinen Plausch und auf ein paar Knabbereien.

Geknabbert werden Pistazien und geröstete Honig- oder Wassermelonenkerne.

Essen & Trinken

Mit Leib und Seele wird im Iran ungeachtet der Figur Reis gegessen. Reis und Brot gehören zu jedem Fleisch- oder Gemüsegericht.

Gerichte

Kräutereintopf mit Joghurt

چلو tschelou aus Reis wird mit کباب kabāb, gegrilltem Lammfleisch, serviert. kabāb-kubide ist aus Hackfleisch. djudje *(Küken)* kabāb ist aus Hähnchen, und natürlich nicht aus Küken.

Zu پلو polou, auch aus Reis, wird خورش / خورشت chorescht / choresch gegessen, eine dickflüssige Grundsoße aus Fleisch, Geflügel, Gemüse, Früchten (oder einer Kombination davon) mit Gewürzen und Kräutern.

Sollte polou tatsächlich nicht am gleichen Tag aufgegessen werden, kann man daraus کته kateh zubereiten. Dazu wird alles solange gedünstet, bis der Boden schön knusprig ist. آبگوشت āb-guscht wird aus Kichererbsen, weißen Bohnen, kleinen gewürfelten Lammfleischstücken und Kartoffeln zubereitet. Für کوکو kuku werden Petersilie, Dill, Koriander und Porree zerkleinert, mit Ei vermischt und in der Pfanne gebräunt (ist auch kalt sehr gut!).

غذا / خوراک بسیار خوشمزه است!
ghazā / chorāk beßiyār chosch-maze aßt!
Essen / Essen sehr wohl-Geschmack ist(es)
Das Essen schmeckt sehr gut

مانده / مونده	**mānde / munde** *(U)*	alt *(nicht frisch)*
تلخ	**talch**	bitter
کره	**kare**	Butter
چاق	**tschāgh**	dick
لاغر	**lāghar**	dünn
تخم مرغ	**tochm·e morgh**	Hühnerei
روغن	**roughan**	Fett, Öl
تازه	**tāze**	frisch
صبحانه / ناشتائی	**ßobhāne / nāschtā'i**	Frühstück
چنگال	**tschangāl**	Gabel
بو	**bu**	Geruch
وزن	**wazn**	Gewicht
لیوان / گیلاس	**liwān / gilāß**	Glas
داغ	**dāgh**	heiß
عسل	**aßal**	Honig
ماست	**māßt**	Joghurt
سرد	**ßard**	kalt
پنیر	**panir**	Käse
دیگ	**dig**	Kochtopf
یخچال	**yach-tschāl**	Kühlschrank
قاشق	**ghaschogh**	Löffel
مربا	**morabbā**	Marmelade
کارد / چاقو	**kārd / tschāghu**	Messer
ناهار	**nāhār**	Mittagessen
املت	**omlet**	Omelett
ماهی تابه	**māhi-tābe**	Pfanne
فلفل	**felfel**	Pfeffer
ماستینه	**māßtine**	Quark
نمک	**namak**	Salz
سیر	**ßir**	satt
ترش	**torsch**	sauer
تیز	**tiz**	scharf
خردل	**chardal**	Senf

سوس	**ßouß**	Soße
بستنی	**baßtani**	Speiseeis
نیمرو	**nimru**	Spiegelei
شیرین	**schirin**	süß
فنجان / استکان	**fendjān / eßtekān**	Tasse
قوری	**ghuri**	Teekanne
بشقاب	**boschghāb**	Teller
نعلبکی	**na'lbaki**	Untertasse
کتری	**ketri**	Wasserkessel
شکر / قند	**schekar / ghand**	Zucker

Würfelzucker heißt immer ghand.

Fisch / Fleisch / Geflügel

ماهی	**māhi**	Fisch
شامی	**schāmi**	Frikadelle
جوجه	**djudje**	Hähnchen *(Küken)*
مرغ	**morgh**	Huhn
ماهیچه	**māhi-tsche**	Keule *(Muskel)*
میگو	**meygu**	Krabben
جگر / جیگر	**djegar / djigar** *(U)*	Leber
قلوه	**gholwe**	Niere
کالباس / کالواس	**kālbāß / kālwāß** *(U)*	Wurst
گوشت چرخ کرده	**guscht·e tscharch karde**	Hackfleisch
گوشت بره	**guscht·e barre**	Hammelfleisch
گوشت گوساله	**guscht·e gußāle**	Kalbfleisch
گوشت گوسفند	**guscht·e gußfand**	Lammfleisch
گوشت گاو	**guscht·e gāw**	Rindfleisch

کی ناهار / شام میخوریم؟

key nāhār / schām mi·chor·im?

wann Mittagessen / Abendessen essen(wir)

Wann essen wir zu Mittag / Abend?

من گرسنه‌ام.
man goroßne·am.
ich hungrig-bin(ich)
Ich bin hungrig.

من سیرم.
man ßir·am.
ich satt-bin(ich)
Ich bin satt.

Umgangssprachlich man großnam·e *oder* man goschnam·e.

من فقط نوشابه میخواهم / میخام.
man faghat nusch-āb·e mi·chāh·am / mi·chā·m.
ich nur Getränk will(ich) / will(ich)(U)
Ich möchte nur etwas trinken.

من اشتها ندارم.
man eschtehā na·dār·am.
ich Appetit nicht-habe(ich)
Ich habe keinen Appetit.

میتوانم این را بچشم؟
mi·tawān·am in rā be·tschesch·am?
kann(ich) dieses 4 dass-probiere(ich)
Kann ich das probieren?

این غذا سرد / شور / چرب / خام است.
in ghazā ßard / schur / tscharb / chām aßt.
dieses Essen kalt / salzig / fett / ungekocht ist(es)
Dieses Essen ist kalt / salzig / fett / nicht gar.

Der Koch wird übrigens äsch-paz *genannt* (äsch *„Eintopf“*, paz- = *Gegenwartsstamm von* pochtan *„kochen“*.

گوشت خوب پخته / سرخ / برشته نیست.
guscht chub pochte / ßorch / bereschte nißt.
Fleisch gut gekocht / gebraten / knusprig nicht-ist(es)
Dieses Fleisch ist nicht gut gekocht / gebraten / knusprig.

من گوشت نمیخورم.
man guscht ne·mi·chor·am.
ich Fleisch nicht-esse(ich)
Ich esse kein Fleisch.

نوش جان!
nusch·e djān!
trinken-G Leben
Guten Appetit!

nusch- = *Gegenwartsstamm von* nuschidan *„trinken“*

یک / یه کارد / قاشق / چنگال کم است / کمه.
yek / ye kārd / ghāschogh / tschangāl kam aßt / kam·e.
eins / eins(U) Messer / Löffel / Gabel wenig ist(es) / wenig-ist(es)(U)
Hier fehlt ein Messer / ein Löffel / eine Gabel.

(آیا) ممکن است کمی دیگر / دیگه ... برایم بیاورید / بیارید؟
(āyā) momken aßt kami digar / dige ... barāy·am biy·āwar·id / biy·ār·id?
(ob) möglich ist(es) bisschen anderes / anderes(U) für-mich dass-bringet(ihr) / dass-bringet(ihr)(U)
Könnten Sie mir etwas mehr ... bringen?

مرسی، کافی است.
merßi, kāfi aßt.
danke genug ist(es)
Danke, das ist genug.

لطفاً روی میز را تمیز بکنید.
lotfan ruy·e miz·rā tamiz be·kon·id.
bitte Gesicht-G Tisch-4 sauber macht(ihr)
Bitte machen Sie den Tisch sauber!

یک / یه پرس کوچک / کوچیک برای بچه‌ام.
yek / ye porß·e kutschek / kutschik barāye batschtsche·am.
eins / eins(U) Portion-G klein / klein(U) für Kind-mein
Eine kleine Portion für mein Kind!

غذای بدون گوشت دارید؟
ghazā·ye bedun·e guscht dār·id?
Essen-G ohne Fleisch habt(ihr)
Haben Sie Gerichte ohne Fleisch?

پیش غذا / دسر دارید / دارین؟
pisch-ghazā / deßer dār·id / dār·in?
Vorspeise / Nachtisch habt(ihr) / (U)
Gibt es Vorspeisen / Nachtisch?

من این غذا را سفارش ندادم.
man in ghazā·rā ßefāresch na·dād·am.
ich dieses Essen-4 Bestellung nicht-gab(ich)
Ich habe dieses Essen nicht bestellt.

نمکش کم است / کمه.
namak·asch kam aßt / kam·e.
Salz-sein wenig ist / wenig-ist(U)
Da fehlt ein bisschen Salz.

لطفاً صورت حساب، با هم / جداگانه.

lotfan ßurat-heßāb, bā-ham / djodā-gāne.

bitte Gesicht-Rechnung mit-alle / getrennt

Bitte die Rechnung, zusammen / getrennt.

شما زیاد حساب کرده‌اید.

schomā ziyād heßāb karde·id.

ihr viel Rechnung gemacht(ihr)

Sie haben zu viel berechnet.

باقی‌اش برای شما.

bāghi·yasch barāye schomā.

Rest-sein für ihr

Der Rest ist für Sie.

این هم دستمزد / انعام شما.

in ham daßt-mozd·e / en'ām·e schomā.

dieses auch Hand-Lohn-G / Trinkgeld-G ihr

Das ist Ihr Trinkgeld.

میخواهم برای امشب جا / میز رزرو بکنم.

mi·chāh·am barāye emschab djā / miz rezerw be·kon·am.

will(ich) für heute-Abend Platz / Tisch Reservierung mache(ich)

Ich möchte für heute Abend einen Platz / Tisch reservieren.

چرا اینقدر / اینقد طول میکشد / میکشه؟

tscherā in-ghadr / in-ghadar / in-ghad tul mi·kesch·ad / mi·kesch·e?

warum so-lange / so-lange(U) / so-lange(U) Dauer zieht(es) / zieht(es)(U)

Warum dauert es so lange?

Die persischen Brote بربری barbari, لواش lawāsch oder سنگک ßangak gehören zu jeder Hauptmahlzeit. Die Brote sind ca. 70 cm lang und ca. 30 cm breit oder rund (Durchmesser 50 cm). Sie sind so dünn, dass man sie zusammenfalten kann. Man backt sie im تنور tanur, einem bienenkorbförmigen Lehmofen.

Iraner kaufen oft bis zu 20 Brote auf einmal, und es kommt zu Warteschlangen. Wer nur ein, zwei Brote will, wird meist vorbeigelassen. Vorsicht, das Brot ist sehr heiß, ein Tuch o. ä. mitnehmen!

چند تا نان / نون میخواهید؟

tschand tā nān / nun mi·chāh·id?

wie-viel Stück Brot / Brot(U) wollt(ihr)

Wie viel Brot möchten Sie?

من سه تا نان میخواهم.

man ße tā nān mi·chāh·am.

ich drei Stück Brot will(ich)

Ich möchte drei Stück Brot.

این نان خیلی سوخته (است).

in nān cheyli ßuchte (aßt).

dieses Brot sehr verbrannt (ist(es))

Dieses Brot ist sehr angebrannt.

Getränke

© MDj

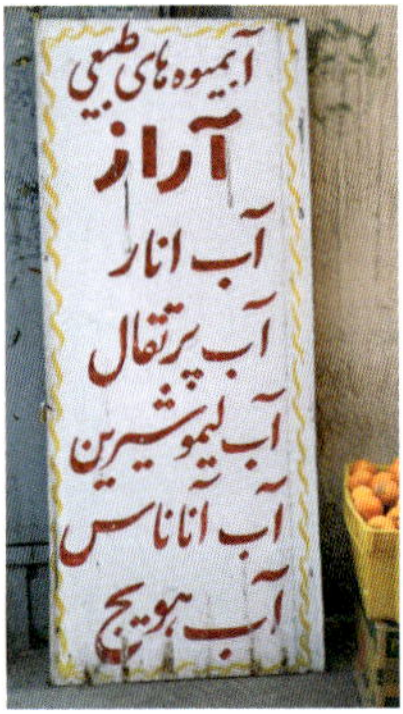

Hier gibt es Bio-Obstsäfte

Zu den Mahlzeiten wird gern دوغ dugh, ein sehr erfrischendes Getränk aus Joghurt, geriebener Gurke, Minze und Salz getrunken. An den Getränkekiosken werden auch Säfte verkauft, u. a. Granatapfel-, Honig- und Wassermelonensaft. Letzterer sollte nur bestellt werden, wenn man sehen kann, dass er auch frisch gepresst wird, denn er wird schnell gammelig.

آب میوه / آب جو / آب معدنی دارید / دارین؟

āb·e miwe / āb·e djou / āb·e ma'dani dār·id / dār·in?

Wasser-G Obst / Wasser-G Gerste / Wasser-G bergwerkliches habt(ihr) / habt(ihr)(U)

Haben Sie Fruchtsaft / Bier / Mineralwasser?

من شیر برای بچه‌ام میخواهم.

man schir barāye batschtsche·am mi·chāh·am.

ich Milch für Kind-mein will(ich)

Ich möchte Milch für mein Kind.

من تشنه‌ام.
man teschne·am.
ich durstig-bin(ich)
Ich bin durstig.

به سلامتی!
be ßalāmati!
zu Gesundheit
Zum Wohl!, Prost!

gāz = *Gas,* bā gāz *oder* gāz-dār = *mit Kohlensäure bzw.* bedun·e gāz = *ohne Kohlensäure*

آب یخ دارید؟
āb·e yach dār·id?
Wasser-G Eis habt(ihr)
Haben Sie eiskaltes Wasser?

لطفاً یک / یه شیشه (ی) آب.
lotfan yek / ye schische(·ye) āb.
bitte eins / eins(U) Flasche(-G) Wasser
Eine Flasche Wasser, bitte!

چایی مینوشید / میخورید؟
tschāyi mi·nusch·id / mi·chor·id?
Tee trinkt(ihr) / esst(ihr)
Trinken Sie Tee?

چایی پر رنگ یا کم رنگ میخورید؟
tschāyi·ye por rang yā kam rang mi·chor·id?
Tee-G voll Farbe oder wenig Farbe esst(ihr)
Trinken Sie den Tee stark oder schwach?

Es ist üblich, auch bei Getränken chordan *„essen" statt* nuschidan *„trinken" zu sagen.*

Obst & Gemüse

سیب زمینی درشت و خوب دارید / دارین؟
ßib-zamini·ye doroscht o chub dār·id / dār·in?
Apfel-irdisch-G groß und gut habt(ihr) / habt(ihr)(U)
Haben Sie große und schöne Kartoffeln?

(اینها) خیلی ریزند / ریزن.
(in·hā) cheyli riz·and / riz·an.
(diese) sehr winzig-sind(sie) / (U)
Die sind (aber) sehr winzig.

لطفاً نیم کیلو سیب بدهید.
lotfan nim kilo ßib be·dah·id.
bitte halb Kilo Apfel gebt(ihr)
Geben Sie ein halbes Kilo Äpfel!

گوجهٔ تازه دارید؟
goudje·ye tāze dār·id?
Mirabelle-G frisch habt(ihr)
Haben Sie frische Tomaten?

من توت فرنگی دوست ندارم.
man tut farangi dußt na·dār·am.
ich Beere europäisch lieb nicht-habe(ich)
Ich mag keine Erdbeeren.

Tomaten heißen auf Persisch eigentlich goudje farangi *„europäische Mirabellen". Wenn der Kontext eindeutig ist, sagt man nur* goudje *„Mirabellen".*

© MDj

„Hühner und Hühnereier"

زرد آلو	**zard-ālu**	Aprikose
موز	**mouz**	Banane
گلابی	**golābi**	Birne
خرما	**chormā**	Dattel
شوید	**schewid**	Dill
انجیر	**andjir**	Feige
سبزی	**ßabzi**	Gemüse, Kräuter
خیار	**chiyār**	Gurke
خربزه	**charbuze**	Honigmelone
نخد	**nochod**	(Kicher-)Erbse
گیلاس	**gilāß**	Kirsche
سیر	**ßir**	Knoblauch
کاهو	**kāhu**	Kopfsalat
زیتون	**zeytun**	Olive
جعفری	**dja'fari**	Petersilie
هلو	**holu**	Pfirsich
آلو	**ālu**	Pflaume
قارچ	**ghārtsch**	Pilz
به	**beh**	Quitte
تربچه	**torob-tsche**	Radieschen
برنج	**berendj**	Reis
انگور	**angur**	Traube

هندوانه / هندونه	**hendewāne / hendune**	Wassermelone / *(U)*
ليمو	**limu**	Zitrone
پياز	**piyāz**	Zwiebel
رسيده	**raßide**	reif
نارس	**nā·raß**	unreif
پوسيده	**pußide**	verfault
نرم	**narm**	weich
سفت	**ßeft**	hart
شل	**schol**	locker

من ... ميخواهم.
man ... mi·chāh·am.
Ich möchte ...

... نيم كيلو پياز ...
... nim kilo piyāz ...
halb Kilo Zwiebel
... 1/2 Kilo Zwiebeln.

... صد گرم قارچ ...
... ßad geram ghārtsch ...
100 Gramm Pilz
... 100 Gramm Pilze.

... سه تا ليمو ترش / ليمو شيرين ...
... ße tā limu-torsch / limu-schirin ...
drei Stück Zitrone-sauer / Zitrone-süß
... drei saure / süße Zitronen.

... ربع كيلو پنير ...
... rob' kilo panir ...
Viertel Kilo Käse
... ein halbes Pfund Käse.

Es gibt süße und saure Zitronen. Die sauren kennt man ja. Die süßen sind ebenfalls gelb, dabei rund wie Apfelsinen, haben aber eine viel dünnere und glattere Schale. Wenn man sie schneidet, muss man die Frucht sofort essen bzw. den Saft sofort trinken, sonst werden sie bitter.

© MDj

Bazar in Teheran

Übernachten

Viele (Luxus-)Hotels bieten neben komfortablen Übernachtungen reichhaltige traditionelle warme und kalte Buffets auch für Nicht-Hotelgäste an.

هتل یا مهمانخانه‌ای خوبی میشناسید؟
hotel yā mehmān-chāne·ye chub·i mi·schenāß·id?
Hotel oder Gast-Haus-G gut-ein kennt(ihr)
Kennen Sie ein gutes Hotel oder Gasthof?

اتاق خالی دارید/ دارین؟
otāgh·e chāli dār·id / dār·in?
Zimmer-G leer habt(ihr) / (U)
Haben Sie ein freies Zimmer?

یک اتاق دو نفره دارید؟
yek otāgh·e do nafar·e dār·id?
eins Zimmer-G zwei Person habt(ihr)
Haben Sie ein Doppelzimmer?

آیا میتوانم / میتونم اتاق را ببینم؟
āyā mi·tawān·am / mi·tun·am otāgh rā be·bin·am?
vielleicht kann(ich) / kann(ich)(U) Zimmer-4 dass-sehe(ich)
Könnte ich vielleicht das Zimmer ansehen?

اتاق بهتری / بزرگتری دارید / دارین؟
otāgh·e beh·tar·i / bozorg·tar·i dār·id / dār·in?
Zimmer-G besser-ein / größer-ein habt(ihr) / habt(ihr)(U)
Haben Sie ein besseres / größeres Zimmer?

شاید دو یا سه روز بمانم / بمونم.
schāyad do yā ße ruz be·mān·am / be·mun·am.
vielleicht zwei oder drei Tag dass-bleibe(ich) / dass-bleibe(ich)(U)
Vielleicht bleibe ich zwei oder drei Tage.

اتاق من آب گرم ندارد.
otāgh·e man āb·e garm na·dār·ad.
Zimmer-G ich Wasser-G warm nicht-hat(es)
Mein Zimmer hat kein warmes Wasser.

برق رفته / قطع است.
bargh rafte / ghat' aßt.
Strom gegangen / Abschneiden ist
Es gibt keinen Strom.

کولر کار نمیکند.
kuler kār ne·mi·kon·ad.
Klimaanlage Arbeit nicht-macht(sie)
Die Klimaanlage geht nicht.

شیر آب چکه میکند / میکنه.
schir·e āb tschekke mi·kon·ad / mi·kon·e.
Löwe-G Wasser Tropfen macht(er) / macht(er)
Der Wasserhahn tropft.

لطفاً این ملافه ها را عوض بکنید.
lotfan in malāfe·hā rā awaz be·kon·id.
bitte diese Laken-Mz- 4 Tausch macht(ihr)
Bitte wechseln Sie diese Bettlaken!

لطفاً ساعت هفت مرا بیدار بکنید.
lotfan ßā'at·e haft ma·rā bidār be·kon·id.
bitte Uhr-G sieben mich-4 wach macht(ihr)
Bitte wecken Sie mich um sieben Uhr!

لطفاً یک تاکسی برایم خبر بکنید.
lotfan yek tākßi barāy·am chabar be·kon·id.
bitte ein Taxi für-ich Nachricht macht(ihr)
Bitte bestellen Sie ein Taxi für mich!

Um Wasser (āb) *und Strom* (bargh) *zu sparen, wird vor allem im Sommer sehr oft bezirksweise für ein paar Stunden das Wasser bzw. der Strom abgeschaltet. Es schadet daher nicht, wenn Sie eine Flasche Wasser* (botri·ye āb) *bzw. eine Taschenlampe* (tscherāgh-ghowwe) *dabei haben.*

من دیشب خیلی بد خوابیدم.
man dischab cheyli bad chābid·am.
ich gestern-Abend sehr schlecht schlief(ich)
Ich habe letzte Nacht sehr schlecht geschlafen.

کجا میتوانم چادر بزنم؟
kodjā mi·tawān·am tschādor be·zan·am?
wo kann(ich) Zelt dass-schlage(ich)
Wo kann ich zelten?

Toiletten

Toiletten im Iran sind Stehklos. Anstelle von Toilettenpapier wird die Reinigung mit Wasser aus einem Wasserbehälter (ähnlich einer Gießkanne) oder auch aus einem Wasserschlauch mit der linken Hand vorgenommen. Hierin liegt auch der Grund, warum diese Hand als unrein angesehen wird. In vielen Hotels, Restaurants oder Wohnhäusern gibt es neben den Stehklos auch die europäischen Toiletten.

© MDj
Richtung WC

oder auch:
مردانه mardāne
Männer / männlich
زنانه zanāne
Frauen / weiblich

آقایان	**āghā·yān**	Herren
خانم ها	**chānom·hā**	Frauen
بانوان	**bānowān**	Damen

میبخشید، توالت کجا است / کجاست؟
mi·bachsch·id, tuālet kodjā aßt / kodjā-ßt?
entschuldigt(ihr) Toilette wo ist(sie) / wo-ist(sie)(U)
Entschuldigen Sie, wo ist die Toilette?

حمام	**hammām**	Bad *(öffentlich od. privat)*
جارو(ب)	**djāru(b)**	Besen
تخت خواب	**tacht(·e)-chāb**	Bett (tacht *„Thron“*, chāb *„Schlaf“*)
ملافه	**malāfe**	Betttuch
سطل	**ßatl**	Eimer
سطل آشغال	**ßatl·e āschghāl**	Mülleimer
طبقه	**tabaghe**	Etage
آسانسور	**āßānßor**	Fahrstuhl
پنجره	**pandjare**	Fenster
آتش	**ātasch**	Feuer
لامپ / چراغ	**lāmp / tscherāgh**	Glühbirne, Lampe
چراغ قوه	**tscherāgh-ghowwe**	Taschenlampe
حوله	**houle**	Handtuch
شانه	**schāne**	Kamm
تمیز	**tamiz**	sauber
کثیف	**kaßif**	schmutzig
صابون	**ßābun**	Seife
قفل	**ghofl**	Schloss
کمد	**komod**	Schrank
لیف	**lif**	Schwamm
آئینه	**ā'ine**	Spiegel
گرد	**gard**	Staub
صندلی	**ßandali**	Stuhl
میز	**miz**	Tisch
کاغذ توالت	**kāghaz·e tuālet**	Toilettenpapier
پله	**pelle**	Treppe
انعام	**en'ām**	Trinkgeld
پنکه	**panke**	Ventilator
منزل	**manzel**	Wohnung
مسواک	**meßwāk**	Zahnbürste

Unterwegs

Die meisten von Ihnen dürften mit dem Flugzeug im Iran gelandet sein und benutzen in der Stadt zumeist Taxis und Minibusse.

mit dem Taxi

„Berlin-Gasse“

Wenn Sie mit einem تاکسی täkßi *Taxi* fahren wollen, brauchen Sie sich lediglich an den Straßenrand zu stellen. Ein vorbeikommender Taxifahrer wird Sie sofort als Fahrgast identifizieren und Kurs auf Sie nehmen. Das Taxi bremst kurz vor Ihren Füßen und Sie brauchen dem Fahrer nur den Straßennamen oder den Gebäudenamen zuzurufen. Wenn Ihr Ziel in seiner Richtung liegt, nimmt er Sie auch mit, wenn er bereits andere Fahrgäste hat. Man muss bei einem weit entfernten Ziel lange warten, bis ein freies Taxi in Ihre gewünschte Richtung fährt. So ist es manchmal sinnvoll, mehrmals in andere Taxis umzusteigen. Man gibt z. B. erst die nächstgrößere Straße oder Kreuzung an und geht von dort aus dann entweder zu Fuß oder wechselt nach diesem Schema die Taxen, bis das Ziel erreicht ist. Man kann aber auch gegen Aufpreis als Einzelfahrgast direkt zum gewünschten Ziel fahren. Dazu sollten Sie, wenn Sie ein leeres Taxi sehen, dem Fahrer dar-baßt *(voll, geschlossen)* oder noch einfacher tak *(einzeln)* zurufen. Den fälligen Aufschlag sollten Sie vorher erfragen.

In Teheran können Sie auch die U-Bahn (مترو metro) benutzen.

شما به خیابان ... میروید؟
schomā be chiyābān·e ... mi·raw·id?
ihr zu Straße-G ... geht(ihr)
Fahren Sie zur / in die ... -Straße?

Hier heißt es mi·raw·id *„geht", und nicht etwa* mi·rān·id *„fahrt".*

لطفاً من را به این آدرس ببرید / ببرین.
lotfan man·rā be in ādreß be·bar·id / be·bar·in.
bitte ich-4 zu diese Adresse bringt(ihr) / (U)
Bitte fahren Sie mich zu dieser Adresse!

Hier verwendet man bordan *„(weg)tragen", und nicht etwa* rāndan *„fahren".*

لطفاً به فرودگاه.
lotfan be forud-gāh.
bitte zu Flughafen
Zum Flughafen, bitte.

لطفاً تند نرانید / نروید.
lotfan tond na·rān·id / na·raw·id.
bitte schnell nicht-fahrt(ihr) / nicht-geht(ihr)
Fahren Sie bitte nicht schnell!

به دست راست / به طرف راست
be daßt·e rāßt / be taraf·e rāßt
zu Hand-G / zu Richtung-G rechts
nach rechts

به دست چپ / به طرف چپ
be daßt·e tschap / be taraf·e tschap
zu Hand-G / zu Richtung-G links
nach links

مستقیم
moßtaghim
geradeaus

لطفاً سر کوچه نگه / نگر دارید.
lotfan ßar·e kutsche negah / negar dār·id.
bitte Kopf-G Gasse Blick / Blick(U) habt(ihr)
Bitte halten Sie an der Straßenecke!

negāh / negah *„Blick, Beobachtung";* negah dāschtan *„stoppen, halten"*

Parkticket erforderlich

چند میشود / میشه؟
tschand mi·schaw·ad / mi·sch·e?
wie-viel wird(es) / wird(es)(U)
Was macht das?

zu Fuß

من پیاده میروم / میرم.
man piyāde mi·raw·am / mi·r·am.
ich zu-Fuß gehe(ich) / gehe(ich)(U)
Ich gehe zu Fuß.

این خیابان به ... میرود / میخوره؟
in chiyābān be ... mi·raw·ad / mi·chor·e?
diese Straße nach ... geht(sie) / isst(sie)(U)
Führt diese Straße nach ... ?

اسم این خیابان چی است؟
eßm·e in chiyābān tschi aßt?
Name-G diese Straße wie ist(er)
Wie heißt diese Straße?

پیاده خیلی دور است / دوره؟
piyāde cheyli dur aßt / dur e?
zu-Fuß sehr weit ist(es) / weit-ist(U)
Ist es zu Fuß sehr weit?

به من روی نقشه نشان بدهید / بدید.
be man ru·ye naghsche neschān be·dah·id / be·d·id.
zu ich auf-G Karte Zeichen gebt(ihr) / gebt(ihr)(U)
Zeigen Sie es mir auf der Karte!

gom kardan
= verlieren
gom schodan
= verloren gehen
(Passivkonstruktion)

من راه را گم کرده‌ام.
man rāh rā gom karde·am.
ich Weg 4 Verlust gemacht-habe(ich)
Ich habe mich verlaufen.

سفر خوش!	**ßafar-chosch! /**	Gute Reise!
سفر بخیر!	**ßafar be·cheyr!**	
خوش بگذرد!	**chosch begzar·ad!**	Viel Spaß!
خوش آمدید!	**chosch āmad·id!**	Willkommen!

mit Bus & Bahn

Wenn Sie Städte besuchen wollen, empfehle ich mit dem Reisebus zu fahren. Erstens ist es billiger als mit der Bahn, und zweitens sieht man viel mehr von der abwechslungsreichen Landschaft und den vielen kleineren Ortschaften.

Fahrkarten für den Bus müssen Sie vorher am Kiosk kaufen, Fahrkarten für den Zug am Bahnhof.

Metro-Logogramm

ایستگاه اتوبوس / راه آهن کجا است؟
ißt-gāh·e otobuß / rāh-āhan kodjā aßt?
Haltestelle-G Bus / Weg-Eisen wo ist(sie)
Wo ist die Bushaltestelle / der Hauptbahnhof?

قطار تأخیر دارد / داره؟
ghatār ta'chir dār·ad / dār·e?
Zug Verspätung hat(er) / hat(er)(U)
Hat der Zug Verspätung?

قطار چقدر تأخیر دارد؟
ghatār tsche-ghadr ta'chir dār·ad?
Zug wie-viel Verspätung hat(er)
Wie viel Verspätung hat der Zug?

آیا باید قطار عوض بکنم؟
āyā bāyad ghatār awaz be·kon·am?
ob muss(es) Zug Wechsel dass-mache(ich)
Muss ich umsteigen?

قطار بعدی کی میاید؟
ghatār·e ba'di key mi·āy·ad?
Zug-G nächster wann kommt(er)
Wann kommt der nächste Zug?

قطار ... به ... کی حرکت میکند؟
ghatār·e ... be ... key harakat mi·kon·ad?
Zug-G ... zu ... wann Bewegung macht(er)
Wann fährt der Zug ... nach ... ab?

از کدام / کدوم سکو؟
az kodām / kodum ßakku?
von welcher / (U) Bahnsteig
Von welchem Bahnsteig?

کی به ... میرسیم؟
key be ... mi·raß·im?
wann in ... ankommen(wir)
Wann kommen wir in ... an?

این بلیط تا کی اعتبار دارد / داره؟
in belit tā key e'tebār dār·ad / dār·e?
diese Fahrkarte bis wann Gültigkeit hat(sie) / hat(sie)(U)
Wie lange ist diese Fahrkarte gültig?

با اتوبوس چند ساعت طول خواهد کشید؟
bā otobuß tschand ßā'at tul chāh·ad kesch·id?
mit Bus wie-viel Zeit Dauer will(es) zieht(ihr)
Wie lange wird es mit dem Bus dauern?

یک بلیط درجه دو / دو سره / رفت و برگشت.
yek belit·e daradje do / do-ßar·e / raft-o-bargascht.
eins Fahrkarte-G Klasse zwei / zwei Weg / hingehen-und-zurückkehren
Eine Fahrkarte zweiter Klasse / hin und zurück.

اطلاعات / گیشه کجا است؟
ettelā'āt / gische kodjā aßt?
Information / Schalter wo ist(sie/er)
Wo ist die Information / der Schalter?

این جا خالی / اشغال است؟
in djā chāli / eschghāl aßt?
dieser Platz leer / besetzt ist(er)
Ist dieser Platz frei / besetzt?

من میخواهم کنار پنجره بنشینم / بشینم.
man mi·chāh·am kenār·e pandjere be·neschin·am / be·schin·am.
ich will(ich) Rand-G Fenster dass-sitze(ich) / dass-sitze(ich)(U)
Ich möchte am Fenster sitzen.

اجازه دارم پنجره را ببندم؟
edjāze dār·am pandjere rā be·band·am?
Erlaubnis habe(ich) Fenster 4 dass-schließe(ich)
Darf ich das Fenster schließen?

چند تا ایستگاه دیگر مانده (است) / مونده؟
tschand tā ißt-gāh digar mānde (aßt) / munde?
wie-viel bis Haltestelle anderes geblieben ist(es) / geblieben
Wie viele Stationen sind es noch?

خواهش میکنم به من بگویید / بگید کجا باید پیاده بشوم / بشم.
chāhesch mi·kon·am be man be·guy·id / be·g·id
kodjā bāyad piyāde be·schaw·am / be·sch·am.
Bitte mache(ich) zu ich dass-saget(ihr) / dass-saget(ihr)(U)
wo muss(es) zu-Fuß dass-werde(ich) / dass-werde(ich)(U)
Bitte sagen Sie mir, wo ich aussteigen muss!

mit dem Flugzeug

پرواز بعدی کی است؟
parwāz·e ba'di key aßt?
Flug-G nächster wann ist(er)
Wann ist der nächste Flug?

این چمدان من نیست.
in tschamadān·e man nißt.
dieser Koffer-G ich nicht-ist(er)
Das ist nicht mein Koffer.

چمدان های من نرسیده‌اند.
tschamadān·hā·ye man na·raßide·and.
Koffer-Mz-G ich nicht-angekommen-sind(sie)
Meine Koffer sind nicht angekommen.

mit dem eigenen Auto

(از) کجا میتوانم / میتونم ماشین / دوچرخه کرایه بکنم؟
(az) kodjā mi·tawān·am / mi·tun·am māschin / do-tscharch·e kerāye be·kon·am?
(von) wo kann(ich) / kann(ich)(U) Auto / Zweirad Miete dass-mache(ich)
Wo kann ich ein Auto / Fahrrad mieten?

نزدیکترین پمپ بنزین کجا است / کجاست؟
nazdik·tarin pomp·e benzin kodjā aßt / kodjā-ßt?
nächste Pumpe-G Benzin wo ist(sie) / wo-ist(sie)(U)
Wo ist die nächste Tankstelle?

لطفاً تانک را پر بکنید.
lotfan tānk rā por be·kon·id.
bitte Tank 4 voll macht(ihr)
Bitte tanken Sie voll!

کمک لازم دارید / دارین؟
komak lāzem dār·id / dār·in?
Hilfe nötig habt(ihr) / habt(ihr)(U)
Brauchen Sie Hilfe?

میتوانید / میتونید کمکم بکنید؟
mi·tawān·id / mi·tun·id komak·am be·kon·id?
könnt(ihr) / (U) Hilfe-ich dass-machet(ihr)
Könnten Sie mir behilflich sein?

تایر ماشینم پنچر شده (است).
tāyer·e māschin·am pantschar schode (aßt).
Reifen-G Auto-mein Platten geworden (ist)
Ich habe eine Reifenpanne.

„Geschwindigkeit verringern!“

ماشینم خراب است / خرابه.

māschin·am charāb aßt / charāb·e.

Auto-mein kaputt ist / kaputt-ist(U)

Mein Auto ist kaputt.

ماشینم روشن نمیشود / نمیشه.

māschin·am rouschan ne·mi·schaw·ad / ne·mi·sch·e.

Auto-mein hell nicht-wird(es) / nicht-wird(es)(U)

Mein Auto springt nicht an.

تعمیرگاه امروز باز است / بازه؟

ta'mir-gāh emruz bāz aßt / bāz·e?

Werkstatt heute offen ist(sie) / offen-ist(sie)(U)

Ist die Werkstatt heute geöffnet?

خواهش میکنم باتری را پر بکنید.

chāhesch mi·kon·am bātri rā por be·kon·id.

Bitte mache(ich) Batterie 4 voll dass-machet(ihr)

Laden Sie bitte die Batterie auf!

لطفاً ترمز را درست بکنید.

lotfan tormoz rā doroßt be·kon·id.

bitte Bremse 4 genau dass-machet(ihr)

Bitte reparieren Sie die Bremse!

کی حاضر میشود / میشه؟

key hāzer mi·schaw·ad / misch·e?

wann anwesend wird(es) / wird(es)(U)

Wann wird es fertig?

ما راه را گم کرده‌ایم.

mā rāh rā gom karde·im.

wir Weg 4 verlieren gemacht-haben(wir)

Wir haben uns verfahren.

مرکز شهر کجا است؟

markaz·e schahr kodjā aßt?

Mitte-G Stadt wo ist(sie)

Wo ist das Stadtzentrum?

تا مرز / سرحد راه خیلی است؟

tā marz / ßar-hadd rāh cheyli aßt?

bis Grenze Weg viel ist(er)

Ist es noch weit bis zur Grenze?

راه به ... خوب / درست است / خوبه / درسته؟

rāh(·e) be ... chub / doroßt aßt / chub·e / doroßt·e?

Weg(-G) nach ... gut / richtig ist(er) / gut-ist(er)(U) / richtig-ist(er)(U)

Ist der Weg nach ... gut / befahrbar?

راه به ... خیلی خراب است / خرابه.

rāh(·e) be ... cheyli charāb aßt / charāb·e.

Weg(-G) nach ... sehr kaputt ist(er) / kaputt-ist(er)(U)

Der Weg nach ... ist sehr schlecht.

چه خبر است / خبره؟

tsche chabar aßt / chabar·e?

was Nachricht ist(sie) / Nachricht-ist(sie)(U)

Was ist los?

شما شاهد بودید / بودین.

schomā schāhed bud·id / bud·in.

ihr Zeuge wart(ihr) / wart(ihr)(U)

Sie waren Zeuge.

پلیس / پاسبان را صدا میزنم / میکنم.

poliß / pāß-bān rā ßedā mi·zan·am / mi·kon·am.

Polizei / Polizei 4 Stimme schlage(ich) / mache(ich)

Ich rufe die Polizei!

تقصیر من نیست.
taghßir·e man nißt.
Schuld-G ich nicht-ist
Es ist nicht meine Schuld.

اسم بیمهٔ شما چی است / چیست؟
eßm·e bime·ye schomā tschi aßt / tschi-ßt?
Name-G Versicherung-G ihr was ist(er) / was-ist(er)(U)
Wie heißt Ihre Versicherung?

این ماشین بیمهٔ کامل دارد / داره؟
in māschin bime·ye kāmel dār·ad / dār·e?
dieses Auto Versicherung-G vollständig hat(es) / (U)
Ist dieses Auto vollkaskoversichert?

خروج (خروجی)	**chorudj (chorudji)**	Ausfahrt, Ausgang
اگزوس	**egzoß**	Auspuff
ماشین	**māschin**	Auto
کوه	**kuh**	Berg
پل	**pol**	Brücke
ده	**deh**	Dorf
ورود (ورودی)	**worud (worudi)**	Einfahrt, Eingang
قطار	**ghatār**	Eisenbahn, Zug
شوفر / راننده	**schufer / rānande**	Fahrer
بلیط	**belit**	Fahrkarte
طیاره / هواپیما	**tayyāre / hawā-peymā**	Flugzeug
دنده	**dande**	Gang, Getriebe
کوهستان	**kuheßtān**	Gebirge
خطر	**chatar**	Gefahr
اسباب / اثاثیه	**aßbāb / aßāßiye**	Gegenstände, Gepäck
سرعت	**ßor'at**	Geschwindigkeit

مرز / سرحد	**marz / ßar-hadd**	Grenze
لاستیک	**lāßtik**	Gummi, Reifen
حیاط	**hayāt**	Hof
زنجیر	**zandjir**	Kette
درجه	**daradje**	Klasse
رادیاتور	**rādiyātor**	Kühler
کلاچ	**kelātsch**	Kupplung
آهسته / یواش	**āheßte / yawāsch**	langsam
دریا	**daryā**	Meer
کرایه	**kerāye**	Miete
پشه بند	**pasche-band**	Moskitonetz *(Mücke-Band)*
روغن	**roughan**	Öl
چرخ	**tscharch**	Rad
کشتی	**keschti**	Schiff
تند	**tond**	schnell
پیچ	**pitsch**	Schraube; Kurve
آچار	**ātschār**	Schraubenschlüssel
شهر	**schahr**	Stadt
جریمه	**djarime**	Strafe
دره	**darre**	Tal, Schlucht
تصادف	**taßādof**	Unfall
ساحل	**ßāhel**	Ufer, Strand
بیمه	**bime**	Versicherung
احتیاط	**ehtiyāt**	Vorsicht
جنگل	**djangal**	Wald
آبشار	**āb-schār**	Wasserfall
بیابان	**biyābān**	Wüste *(Ort ohne Wasser)*
شمع	**scham'**	Zündkerze *(Kerze)*
سیلندر	**ßilandr**	Zylinder

Himmelsrichtungen & Wetter

شمال	**schomāl**	Norden
جنوب	**djonub**	Süden
غرب	**gharb**	Westen
شرق	**schargh**	Osten
رطوبت	**rotubat**	Feuchtigkeit
تگرگ	**tagarg**	Hagel
آسمان	**āß(e)mān**	Himmel
سرد (سرما)	**ßard (ßarmā)**	kalt (Kälte)
مه (مهی)	**meh (mehi)**	Nebel (neblig)
باران (بارانی)	**bārān (bārāni)**	Regen (regnerisch)
برف (برفی)	**barf (barfi)**	Schnee (verschneit)
خورشید	**chorschid**	Sonne
آفتاب (آفتابی)	**āftāb (āftābi)**	Sonnenschein (sonnig)
توفان (توفانی)	**tufān (tufāni)**	Sturm (stürmisch)
سیل	**ßeyl**	Überschwemmung
خشک (خشکی)	**choschk (choschki)**	trocken (Trockenheit)
گرم (گرما)	**garm (garmā)**	warm (Wärme)
هوا	**hawā**	Wetter, Luft
باد (بادی)	**bād (bādi)**	Wind (windig)
ابر (ابری)	**abr (abri)**	Wolke (wolkig)

امروز چند درجه است؟
emruz tschand daradje aßt?
heute wie-viel Grad ist(es)
Wie viel Grad ist es heute?

امروز هوا خیلی گرفته.
emruz hawā cheyli gerefte.
heute Wetter sehr stickig
Heute ist es sehr stickig.

Kaufen & Feilschen

Mit einem Smartphone können Sie sich die mit einem gekennzeichneten Sätze dieses Kapitels anhören.

Es ist doch merkwürdig: Wenn man vom Bazar spricht, denkt man sofort ans Feilschen. Feilschen muss aber gelernt sein. Vergleichen Sie vorher die Preise. Dort, wo die Ware mit Preisschildern versehen ist, z. B. in Warenhäusern und bei Lebensmittelhändlern, wird im Allgemeinen nicht gehandelt. Wenn Sie Schmuck oder Teppiche kaufen wollen, können Sie trotz der Preischilder vorsichtig um „Nachlass" bitten und die Reaktion abwarten.

Nun, wo auch immer man einkauft, auf gar keinen Fall sollte man den Eindruck erwekken, dass man die Ware dringend benötigt oder unter Zeitdruck steht.

Souvenirladen

© MDj

آن را / اونو میتوانم / میتونم ببینم؟
ān rā / un·o mi·tawān·am / mi·tun·am be·bin·am?
jenes 4 / jenes-4(U) kann(ich) / kann(ich)(U) dass-sehe(ich)
Könnte ich das da mal sehen?

(قیمت) این چند / چقدر است / چنده / چقدره؟
(gheymat·e) in tschand / tsche-ghadr aßt / tschand·e / tsche-ghadr·e?
Preis-G dieses wie-viel / was-Wert ist(es) / wie-viel-ist(U) / was-Wert-ist(U)
Was kostet das?

صد تومان / تمن است.
ßad tumān / toman aßt.
hundert Tuman / Tuman(U) ist(es)
100 Tuman.

این زیاد / خیلی گران است / گرونه.
in ziyād / cheyli gerān aßt / gerun·e.
dieses viel / sehr teuer ist(es) / teuer-ist(es)(U)
Das ist sehr teuer!

ارزانتر / ارزونتر چیزی ندارید؟
arzān·tar / arzun·tar tschiz·i na·dār·id?
billiger / billiger(U) Ding-ein nicht-habt(ihr)
Haben Sie nichts Billigeres?

نه.
na.
Nein.

تخفیف نمیدهید / نمیدین؟
tachfif ne·mi·dah·id / ne·mi·d·in?
Ermäßigung nicht-gebt(ihr) / nicht-gebt(ihr)(U)
Geben Sie keine Ermäßigung?

نود تومان، بیشتر نه.
nawad tumān, bisch·tar na.
neunzig Tuman mehr nein
90 Tuman, nicht mehr.

این آخرین قیمتتان است / قیمتتونه؟
in ācharin gheymat·etān aßt? / gheymat·etun·e.
dieses letzte Preis-euer ist(er) / Preis-euer-ist(er)(U)
Ist das Ihr letzter Preis / Angebot?

بله.
bale.
Ja.

هشتاد تومان، راضی هستید؟
haschtād tumān, rāzi haßt·id?
achtzig Tuman zufrieden seid(ihr)
80 Tuman, sind Sie damit einverstanden?

هشتاد و پنج تومان.
haschtad o pandj tumān.
achtzig und fünf Tuman
85 Tuman.

نه مرسی، پس خدا حافظ.
na merßi, paß chodā-hāfez.
nein danke dann Gott-Beschützer
Nein danke, dann auf Wiedersehen.

بیا، هشتاد تومان.
biy·ā, haschtād tumān.
komm(du) achtzig Tuman
Also dann, 80 Tuman.

لطفاً یک پاکت به من بدهید / بدید.
lotfan yek pākat be man be·dah·id / be·d·id.
bitte ein Paket zu ich gebt(ihr) / gebt(ihr)(U)
Bitte geben Sie mir eine Tüte.

رنگ / اندازهٔ دیگری دارید؟
rang·e / andāze·ye digar·i dār·id?
Farbe-G / Größe-G andere-eine habt(ihr)
Haben Sie eine andere Farbe / Größe?

© MDj

Schlussverkauf

میتوانم این را عوض بکنم؟
mi·tawān·am in rā awaz be·kon·am?
kann(ich) dieses 4 Austausch dass-mache(ich)
Kann ich das umtauschen?

این را میخواهم پس بدهم / بدم.
in rā mi·chāh·am paß be·dah·am / be·d·am.
dieses 4 will(ich) zurück dass-gebe(ich) / dass-gebe(ich)(U)
Ich möchte das zurückgeben.

دارم فقط نگاه میکنم.
dār·am faghat negāh mi·kon·am.
habe(ich) nur Blick mache(ich)
Ich schaue nur.

این انگشتر ساخت ایران است / ایرانه؟
in angoschtar ßācht·e irān aßt / irān·e? *von* angoscht *„Finger"*
dieser Ring Herstellung-G Iran ist(er) / Iran-ist(er)(U)
Ist dieser Ring im Iran hergestellt?

این گوشواره از آب طلا است / آب طلاست؟
in guschwāre az āb-talā aßt / āb-talā-ßt? *von* gusch *„Ohr"*
dieser Ohrring von Wasser-Gold ist(er) / Wasser-Gold-ist(er)(U)
Ist dieser Ohrring vergoldet?

این کفش تنگم است / تنگمه.

in kafsch tang·am aßt / tang·am·e.

dieser Schuh eng-mir ist(er) / eng-mir-ist(er)(U)

Dieser Schuh ist mir zu eng.

این پارچه آب میرود / میره؟

in pārtsche āb mi·raw·ad / mi·r·e?

dieser Stoff Wasser geht(er) / geht(er)(U)

Läuft dieser Stoff ein?

مویم را / مومو کوتاه بکنید.

mu·yam rā / mu·m·o kutāh be·kon·id.

Haar-mein 4 / Haar-mein-4(U) kurz macht(ihr)

Schneiden Sie meine Haare kurz!

ریشم را لازم نیست بزنید.

risch·am rā lāzem nißt be·zan·id.

Bart-mein 4 nötig nicht-ist dass-schneidet(ihr)

Meinen Bart brauchen Sie nicht zu schneiden.

آبی	**ābi**	blau
زرد	**zard**	gelb
سبز	**ßabz**	grün
بنفش	**banafsch**	lila
سرخ / قرمز	**ßorch / ghermez**	rot
سیاه / مشکی	**ßiyāh / meschki**	schwarz
سفید	**ßefid**	weiß
گلدار	**gol-dār**	geblümt
ساده	**ßāde**	uni
راه راه (راه راهی)	**rāh-rāh (rāh-rāhi)**	gestreift

درازا	**derāzā**	Länge
دراز	**derāz**	lang
کوتاه	**kutāh**	kurz
تنگ	**tang**	eng
گشاد	**goschād**	weit
پهنا	**pahnā**	Breite
پهن	**pahn**	breit
کهنه	**kohne**	alt
نو	**nou**	neu
دست بند	**daßt-band**	Armband
حراجی	**harādji**	Ausverkauf
عینک	**eynak**	Brille
فندک	**fandak**	Feuerzeug
قصابی	**ghaßßābi**	Fleischerei
سلمانی	**ßalmāni**	Friseur
کمر بند	**kamar-band**	Gürtel
گلوبند / گردن بند	**galu-band / gardan-band**	Halskette
شلوار	**schalwār**	Hose
کلاه	**kolāh**	Hut
دگمه	**dogme**	Knopf
قنادی	**ghannādi**	Konditorei
مغازه	**maghāze**	Laden, Geschäft
بقالی	**baghghāli**	Lebensmittelladen
سوزن	**ßuzan**	Nähnadel
رسید	**raßid**	Quittung, Rechnung
قیمت	**gheymat**	Preis
عروسک	**arußak**	Puppe
زیپ	**zip**	Reißverschluss
دامن	**dāman**	Rock
قیچی	**gheytschi**	Schere
چتر	**tschatr**	Schirm
کفش	**kafsch**	Schuhe
کفاشی	**kaffāschi**	Schuhgeschäft

اسباب بازی	**aßbāb-bāzi**	Spielzeug
چکمه	**tschakme**	Stiefel
پارچه	**pārtsche**	Stoff
کبریت	**kebrit**	Streichholz
توتون	**tutun**	Tabak
کیف	**kif**	Tasche
سینی	**ßini**	Tablett
قالی / فرش	**ghāli / farsch**	Teppich
ارزش / قدر	**arzesch / ghadr**	Wert

Bank, Post, Behörden

Viele Angestellte dieser Branchen beherrschen die englische Sprache gut, so dass man mit wenig Persisch zurecht kommen müsste.

Mit einem Smartphone können Sie sich die mit einem 𝄢 gekennzeichneten Sätze dieses Kapitels anhören.

Bank

Kreditkarten und Reiseschecks werden im Iran im Allgemeinen nicht angenommen. Es ist auch fraglich, ob größere Hotels diese akzeptieren. Daher ausreichend Bargeld mitnehmen, am besten in großen Scheinen, die Sie eventuell zu einem günstigeren Kurs wechseln können als kleinere. Dies können Sie z. B. in einer Wechselstube (صرافی ßarāfi) tun. Es gibt inzwischen auch Geldautomaten, aber nur für Kunden mit einem Giro- bzw. Sparkonto bei der entsprechenden Bank.

یورو چند است / چنده؟
yuro tschand aßt / tschand·e?
Euro wie-viel ist(er) / wie-viel-ist(er)(U)
Wie ist der Wechselkurs des Euro?

میتوانم با کردیت کارت بپردازم؟
mi·tawān·am bā kredit-kārt be·pardāz·am?
kann(ich) mit Kredit-Karte dass-bezahle(ich)
Kann ich mit der Kreditkarte bezahlen?

من پول خرد لازم دارم.
man pul·e chord lāzem dār·am.
ich Geld-G winzig nötig habe(ich)
Ich brauche Kleingeld.

لطفاً اسکناس کوچک بدهید.
lotfan eßkenāß·e kutschek be·dah·id.
Bitte Banknote-G klein gebt(ihr)
Bitte geben Sie kleine Scheine!

یورو	**yuro**	Euro
دلار	**dolār**	Dollar
فرانک سویس	**frānk·e ßuiß**	Schweizer Franken
اسکناس	**eßkenāß**	Banknote
نقد	**naghd**	bar
ارز	**arz**	Devisen
نرخ	**nerch**	Kurs
کارت اعباری / کردیت کارت	**kārt·e etebāri / kredit-kārt**	Kreditkarte
کارت عابر بانک / کارت خود پرداز	**kārt·e āber·e bānk / kārt·e chod-pardāz**	Scheckkarte

عابر بانک / خود پرداز	**āber·e bānk / chod-pardāz**	Geldautomat
چک مسافرتی	**tschek·e moßāferat·i**	Reisescheck
مبلغ	**mablagh**	Betrag
حواله	**hawāle**	Überweisung

Telefonieren

Für Telefonzellen اتاق تلفن otāgh·e telefon *müssen Sie Münzen dabei haben.*

Die Telefonkarte müssen Sie im Laden beantragen. Die Freischaltung erfolgt dann ein bis zwei Tage später, mit ein wenig Druck eventuell auch schneller.

Die iranischen Mobiltelefonsysteme sind denen der europäischen Länder noch nicht angepasst (außer über Satellit). Ihr Mobiltefon (mobile) können Sie im Iran nicht benutzen. Die SIM-Karten (ßim-kārt) sind sehr teuer und kommen einer Neuanschaffung plus Vertragsabschluss gleich. Daher sollten Sie immer aus dem Festnetz telefonieren, oder noch günstiger mit Telefonkarte.

Wenn das Telefon klingelt, meldet man sich mit bale *ja*. Eine höflichere Variante ist bale kombiniert mit farmudan *befehlen*, und zwar so:

بله بفرمائید.
bale be·farmāy·id.
ja befehlt(ihr)
Ja bitte, Sie wünschen?

میتوانم / میتونم با ... صحبت بکنم؟
mi·tawān·am / mi·tun·am bā ... ßohbat be·kon·am?
kann(ich) / kann(ich)(U) mit ... Gespräch dass-mache(ich)
Könnte ich mit ... sprechen?

لطفاً به ... بگویید / بگید به من زنگ بزنند.
lotfan be ... be·guy·id / be·g·id be man zang be·zan·ad.
bitte zu ... sagt(ihr) / sagt(ihr)(U) zu ich Klingel dass-schlage(er)
Bitte sagen Sie ... , er möge mich anrufen!

ایشان / ایشون کی بر میگردند؟
ischān / ischun key bar·mi·gard·and?
sie / sie(U) wann zurückkehren(sie)
Wann kommt er / sie zurück?

من دو باره زنگ میزنم.
man do-bāre zang mi·zan·am.
ich zweite-mal Klingel schlage(ich)
Ich rufe wieder an.

شماره(ی) عوضی گرفته‌اید.
schomāre(·ye) awazi gerefte·id.
Zahl verkehrt genommen-habt(ihr)
Sie haben sich verwählt.

پیش شماره به ... چی است؟
pisch-schomāre be ... tschi aßt?
Vor-Zahl zu ... was ist(sie)
Wie ist die Vorwahl nach ... ?

سیم تلفن خراب است / خرابه.
ßim·e telefon charāb aßt / charāb e.
Draht-G Telefon kaputt ist(er) / (U)
Die Leitung ist gestört.

گوشی تلفن دستتان (باشد).
guschi(·ye) telefon daßt·etān (bāsch·ad).
Hörer(-G) Telefon Hand-eure (dass-sei(sie))
Bitte bleiben Sie am Apparat!

خط تلفن گرفته / آزاد است / آزاده.
chatt·e telefon gerefte / āzād aßt / āzād e.
Linie-G Telefon genommen / frei ist(sie) / frei-ist(sie)(U)
Die Leitung ist besetzt / frei.

شماره / نمره گرفته / اشغال است / اشغاله.
schomāre / nomre gerefte / eschghāl aßt / eschghāl·e.
Zahl genommen / besetzt ist / besetzt-ist(U)
Die Nummer ist besetzt.

شمارهٔ تلفنتان چند است / چنده / چیه؟
schomāre·ye telefon·etān tschand aßt / tschand·e / tschi·ye?
Zahl-G Telefon-eure wie-viel ist(sie) / wie-viel-ist(sie)(U) / was-ist(sie)(U)
Wie ist Ihre Telefonnummer?

کسی جواب نمیدهد / نمیده.
kaß·i djawāb ne·mi·dah·ad / ne·mi·d·e.
Person-ein Antwort nicht-gibt(sie) / nicht-gibt(sie)(U)
Niemand antwortet.

Post

Dies geschieht, um bei eventuellem Verlust des Versandguts besser nachforschen zu können.

Briefkasten

© MDJ

Beim Versand von Paketen müssen Sie wie auch hierzulande ein Formular mit den üblichen Angaben über Absender, Empfänger, Inhalt usw. ausfüllen. Im Allgemeinen wird auch eine Kopie Ihres Ausweises verlangt.

Bei der Anschrift wird zuerst der Ort (und bei Auslandspost auch das Land) angegeben, dann die Straße und Hausnummer (evtl. noch die Etage), dann die Postleitzahl (kod·e poßti), und erst zum Schluss der Empfängername.

با پست هوائی
bā poßt·e hawāyi
mit Post-G luftig
per Luftpost

با پست زمینی
bā poßt·e zamini
mit Post-G irdisch
mit normaler Post

فرستنده	**fereßtande**	Absender
جواب	**djawāb**	Antwort
اشغال	**eschghāl**	besetzt
مداد	**medād**	Bleistift
نامه	**nāme**	Brief
صندوق پست	**ßandugh·e poßt**	Briefkasten
تمبر	**tamb(a)r / tamr** *(U)*	Briefmarke
پستچی	**poßt-tschi**	Briefträger
تاریخ	**tārich**	Datum
نامه فوری	**nāme·ye fouri**	Eilbrief
نامۀ سفارشی	**nāme·ye ßefāreschi**	Einschreiben
گیرنده	**girande**	Empfänger
سؤال	**ßo'āl**	Frage
تقویم	**taghwim**	Kalender
خود کار	**chod-kār**	Kugelschreiber
بسته	**baßte**	Paket
پست خانه	**poßt-chāne**	Postamt
مهر	**mohr**	Stempel
پاکت	**pākat**	Umschlag
مجله	**madjalle**	Zeitschrift
روز نامه	**ruz-nāme**	Zeitung

کی صندوق پست را / پست رو خالی میکنند؟
key ßandugh·e poßt rā / poßt·ro chāli mi·kon·and?
wann Kasten-G Post 4 / Post-4(U) leer machen(sie)
Wann wird der Briefkasten geleert?

پستچی معمولاً کی میاید / میاد؟
poßt-tschi ma'mulan key mi·āy·ad / miy·ād?
Briefträger gewöhnlich wann kommt(er) / kommt(er)(U)
Wann kommt der Briefträger gewöhnlich?

Internet

Die Sprache des Internets ist auch im Iran das Englische.

Das Internet (internet) gehört inzwischen im modernen Iran so zum Alltag wie anderswo auf der Welt.

کافی نت	**kāfi-net**	Internet-Café
ایمیل / پست الکترونیکی	**i-meyl / poßt·e elektroniki**	Email
چک کردن	**tschek kardan**	abrufen
فرستادن / سند	**fereßtādan / ßend**	versenden
چاپ کردن / پرینت	**tschāp kardan / print**	ausdrucken

© MDj

Zum Internet-Café

کافی نت اینجا کجا است / کجا ست؟

kāfi-net in·djā kodjā aßt / kodjā-ßt?

Internet-Café hier wo ist(es) / wo-ist(es)(U)

Wo gibt es hier ein Internet-Café?

من میخواهم ایمیلم را چک بکنم.

man mi·chāh·am i-meyl·am rā tschek be·kon·am.

ich will(ich) Email-ich 4 Prüfung dass-mache(ich)

Ich möchte Emails abrufen.

من میخواهم ایمیل بفرستم.

man mi·chāh·am i-meyl be·fereßt·am.

ich will(ich) Email-ich 4 dass-sende(ich)

Ich möchte Emails versenden.

اینترنت ساعتی چند میشود / میشه؟

internet ßā'ati tschand mi·schaw·ad / mi·sch·e?

Internet stündlich wie-viel wird(es) / wird(es)(U)

Was kostet eine Stunde Internet?

Behörden

سفارت آلمان کجا است / کجا ست؟

ßefārat·e ālmān kodjā aßt / kodjā-ßt?

Botschaft-G Deutschland wo ist(sie) / (U)

Wo ist die deutsche Botschaft?

نزدیکترین کلانتری کجا است / کجا ست؟

nazdik·tarin kalāntari kodjā aßt? / kodjā-ßt?

nächste Polizeiwache wo ist(sie) / (U)

Wo ist die nächste Polizeiwache?

من گذرنامه‌ام را گم کرده‌ام.

man gozar-nāme·am rā gom karde·am.

ich Reisepass-mein 4 Verlust gemacht-habe(ich)

Ich habe meinen Reisepass verloren.

gozar-nāme *= Reisepass von* gozaschtan *= „durchgehen, vorbeigehen“,* nāme = *„Brief, Schreiben, Urkunde“*

کمک، کیفم را دزدید!

komak, kif·am rā dozd·id!

Hilfe Tasche-meine 4 gestohlen-hat(er)

Hilfe, er hat meine Tasche gestohlen!

من میخواهم با وکیلم حرف بزنم.

man mi·chāh·am bā wakil·am harf be·zan·am.

ich will(ich) mit Anwalt-mein Buchstabe dass-schlage(ich)

Ich möchte mit meinem Anwalt sprechen.

من از شما شکایت خواهم کرد.

man az schomā schekāyat chāh·am kard.

ich von ihr Beschwerde werde(ich) machte

Ich werde mich über Sie beschweren.

شما اجازهٔ اقامت دارید / دارین؟
schomā edjāze·ye eghāmat dār·id / dār·in?
ihr Erlaubnis-G Aufenthalt habt(ihr) / habt(ihr)(U)
Haben Sie eine Aufenthaltserlaubnis?

من ویزا برای دو ماه لازم دارم.
man wizā barāye do māh lāzem dār·am.
ich Visum zwei Monat nötig habe(ich)
Ich brauche ein Visum für zwei Monate.

من وقت / وخت زیاد ندارم.
man waght / wacht ziyād na·dār·am.
ich Zeit / Zeit(U) viel nicht-habe(ich)
Ich habe nicht viel Zeit.

اقامت	**eghāmat**	Aufenthalt
خارجی	**chāredji**	Ausländer
اداره / دفتر	**edāre / daftar**	Büro
دزد	**dozd**	Dieb
اجازه	**edjāze**	Erlaubnis
طبقه	**tabaghe**	Etage
شرکت	**scherkat**	Firma, Gesellschaft
زندان	**zendān**	Gefängnis
کنسولگری	**konßul-gari**	Konsulat
خبر (اخبار)	**chabar (achbār)**	Nachricht(en)
عمومی	**omumi**	öffentlich
رسمی	**raßmi**	offiziell
ملی	**melli**	national
		(melliyat *Nationalität*)
پلیس / پاسبان	**poliß / pāß-bān**	Polizei
کلانتری	**kalāntari**	Polizeiwache

گذرنامه	**gozar-nāme**	Reisepass
جلسه	**djalaße**	Sitzung
دولتی	**doulati**	staatlich
قرارداد	**gharār-dād**	Vertrag
شاهد	**schāhed**	Zeuge, Zeugin
گمرک	**gomrok**	Zoll

Krank sein

Werden Sie während Ihrer Reise ernsthaft krank, erkundigen Sie sich am besten nach dem nächsten Krankenhaus. Viele Ärzte arbeiten morgens oder nachmittags in den Krankenhäusern, so dass ihre Praxen zu diesen Zeiten geschlossen sind.

Mit einem Smartphone können Sie sich die mit einem 👂 gekennzeichneten Sätze dieses Kapitels anhören.

کمک!	دکتر خوبی میشناسید؟
👂 **komak!**	👂 **doktor·e chub·i mi·schenāß·id?**
Hilfe	*Arzt-G gut-ein kennt(ihr)*
Hilfe!	Kennen Sie einen guten Arzt?

پزشک پوست	**pezeschk·e pußt**	Hautarzt
پزشک عمومی	**pezeschk·e omumi**	Allgemeinarzt
دندان پزشک	**dandān-pezeschk**	Zahnarzt
پزشک زنان	**pezeschk·e zan·ān**	Frauenarzt
پزشک چشم	**pezeschk·e tscheschm**	Augenarzt

نزدیکترین بیمارستان / مریض خانه کجا است / کجا ست؟

nazdik·tarin bimāreßtān / mariz-chāne kodjā aßt / kodjā-ßt?

nächstes Krankenhaus / krank-Haus wo ist(es) / wo-ist(es)(U)

Wo ist das nächste Krankenhaus?

Wenn Sie auf Medikamente angewiesen sind, wenden Sie sich an die Zentralapotheke in größeren Städten. Dort kann man fast alle verschriebenen Medikamente bekommen. Ansonsten ist es sehr sinnvoll, eine kleine Reiseapotheke mit sich zu führen, so dass man sich in Notfällen selbst helfen kann.

دارو خانه / دوا خانه مرکزی کجا است / کجا ست؟

dāru-chāne / dawā-chāne·ye markazi kodjā aßt / kodjā-ßt?

Arznei-Haus / Medikament-Haus-G Zentrale-ein wo ist / wo-ist(U)

Wo ist die Zentralapotheke?

من مریض هستم.

man mariz haßt·am.

ich krank bin(ich)

Ich bin krank.

حالم خوب نیست.

hāl·am chub nißt.

Zustand-mein gut nicht-ist

Es geht mir nicht gut.

لطفاً دکتر / پرستار را صدا بکنید.

lotfan doktor / paraßtār rā ßedā be·kon·id.

bitte Arzt / Schwester 4 Laut macht(ihr)

Bitte rufen Sie den Arzt / die Schwester!

کجایتان / کجاتون درد میکند؟

kodjā·yetān / kodjā·tun dard mi·kon·ad?

wo-euch / wo-euch(U) Schmerz macht(es)

Wo tut es Ihnen weh?

من تب دارم.
man tab dār·am.
ich Fieber habe(ich)
Ich habe Fieber.

من سرگیجه دارم.
man ßar-gidje dār·am.
ich Kopf-Schwindel habe(ich)
Mir ist schwindelig.

شکمم / دلم درد میکند.
schekam·am / del·am dard mi·kon·ad.
Bauch-mein / Herz-mein Schmerz macht(er/es)
Ich habe Bauchschmerzen.

حالم بد است / بده.
hāl·am bad aßt / bad·e.
Zustand-mein schlecht ist / (U)
Mir ist schlecht.

فشار خونم / قندم بالا است / بالایه / پائین است / پائینه.
feschār·e chun·am / ghand·am bālā aßt / bālā·ye / pā'in aßt / pā'in·e.
Druck-G Blut-mein / Zucker-mein oben ist(er) / (U) / unten ist(er) / (U)
Mein Blutdruck / Zucker ist hoch / niedrig.

دندانم درد میکند / میکنه.
dandān·am dard mi·kon·ad / mi·kon·e.
Zahn-mein Schmerz macht(er) / (U)
Ich habe Zahnschmerzen.

من سرما خورده‌ام.
man ßarmā chorde·am.
ich Kälte gegessen-habe(ich)
Ich habe mich erkältet.

انگشت دستم شکسته (است).
angoscht·e daßt·am schekaßte (aßt).
Finger-G Hand-mein gebrochen (ist)
Mein Finger ist gebrochen.

من به ... حساسیت دارم.
man be ... haßäßiyat dār·am.
ich zu ... Empfindlichkeit habe(ich)
Ich bin allergisch gegen ... .

angoscht *heißt im Prinzip bereits „Finger". Für die Zehe wird ebenfalls* angoscht *bzw. verdeutlichend* angoscht·e pā *(*pā *„Fuß, Bein"), umgangssprachlich auch* schaßt·e pā *gesagt (*schaßt *„Daumen"). Um deutlich zu machen, dass es sich um die Finger handelt, kann man noch* daßt *„Hand" hinzufügen.*

من بی حالم.
man bi hāl·am.
ich ohne Zustand-mein
Ich fühle mich schlapp.

من زمین خورده ام.
man zamin chorde·am.
ich Erde gegessen-habe(ich)
Ich bin hingefallen.

من از آمپول / سوزن زدن میترسم.
man az āmpul / ßuzan zadan mi·tarß·am.
ich von Spritze / Nadel schlagen fürchte(ich)
Ich habe Angst vor der Spritze.

پای چپم خواب رفته (است).
pā·ye tschap·am chāb rafte (aßt).
Fuß-mein links Schlaf gegangen (ist)
Mein linker Fuß / Bein ist eingeschlafen.

dar-raftan
„verstauchen"
(aber auch „flüchten")

قوزک پایم / پام در رفته (است).
ghuzak·e pā·yam / pā·m dar-rafte (aßt).
Knöchel-G Fuß-mein / Fuß-mein(U) Tür-gegangen (ist)
Ich habe mir den Knöchel verstaucht.

من حامله هستم.
man hāmele haßt·am.
ich schwanger bin(ich)
Ich bin schwanger.

چند ماهتان / ماهتون است؟
tschand māh·etān / māh·etun aßt?
wie-viel Monat-euer / Monat-euer(U) ist(er)
Im wievielten Monat sind Sie?

من رسید برای بیمه‌ام میخواهم / میخام.
man raßid barāye bime·am mi·chāh·am / mi·chā·m.
ich Quittung für Versicherung-mein will(ich) / will(ich)(U)
Ich brauche eine Quittung für meine Versicherung.

من گواهی نامه لازم دارم.
man gawāhi-nāme lāzem dār·am.
ich Bescheinigung nötig habe(ich)
Ich brauche eine Bescheinigung.

Wenn Sie eine Körperteilbezeichnung mit dard *kombinieren, können Sie Schmerzen genau lokalisieren:* pā-dard *„Schmerzen im Fuß / Bein",* ßar-dard *„Kopfschmerzen".*

بازو	**bāzu**	Arm
مطب	**matabb**	Arztpraxis
شکم / دل	**schekam / del**	Bauch
پا	**pā**	Bein / Fuß
خون	**chun**	Blut
روده	**rude**	Darm
اسهال	**eßhāl**	Durchfall
انگشت	**angoscht**	Finger, Zehe
گردن	**gardan**	Hals
دست	**daßt**	Hand
قلب / دل	**ghalb / del**	Herz / Herz *(literar.)*
سکتهٔ قلبی	**ßekte·ye ghalbi**	Herzinfarkt
زانو	**zānu**	Knie
سر	**ßar**	Kopf
مریض / بیمار	**mariz / bimār**	krank, Kranker
مریض شدن	**mariz schodan**	krank werden, erkranken
جگر	**djegar**	Leber (*auch:* Lunge)
ریه	**riye**	Lunge
معده	**me'de**	Magen
ناخن	**nāchon**	(Finger- / Zehen-) Nagel

بینی / دماغ	**bini / damāgh**	Nase
کلیه / قلوه	**koliye / gholwe**	Niere
عصب	**aßab**	Nerv
نسخه	**noßche**	Rezept
سکتهٔ مغزی	**ßekte·ye maghzi**	Schlaganfall
قرص / حب	**ghorß / hab(b)**	Tablette, Pille
حامله	**hāmele**	schwanger
ادرار	**edrār**	Urin
مجروح / زخمی	**madjruh / zachmi**	Verletzter
پنبه	**pambe**	Watte *(Baumwolle)*
زخم	**zachm**	Wunde
دندان	**dandān**	Zahn
شیاف	**schiyāf**	Zäpfchen
زبان / زبون	**zabān / zabun** *(U)*	Zunge (*auch:* Sprache)

Freizeit

Es folgen nun einige Freizeitaktivitäten, die Sie im Iran ausüben können. Frauen durften in der Vergangenheit kein Fahrrad fahren; mittlerweile wird es vielfach toleriert, aber die Bekleidungsvorschriften müssen dabei beachtet werden. Strände und Schwimmbäder sind nach Geschlechtern getrennt.

گردش کردن	**gardesch kardan**	spazieren, bummeln
پیاده روی	**piyāde-rawi**	Wandern
اسب سواری	**aßb-ßawāri**	Reiten
توپ بازی	**tup-bāzi**	Ballspiel
کوه نوردی	**kuh-nawardi**	Bergsteigen
قایقرانی	**ghāyegh-rāni**	Segeln
ماهی گیری	**māhi-giri**	Angeln

من هر روز نیم ساعت ورزش میکنم.
man har ruz nim ßā'at warzesch mi·kon·am.
ich jeder Tag halb Stunde Sport mache(ich)
Ich mache jeden Tag eine halbe Stunde Sport.

بیا فردا برویم / بریم لب دریا.
biy·ā fardā be·raw·im / be·r·im lab·e daryā.
komm morgen dass-gehen(wir) / dass-gehen(wir)(U) Rand-G Meer
Lass uns morgen ans Meer gehen / fahren!

حوصله داری کمی قدم بزنیم؟
houßele dār·i kami ghadam be·zan·im?
Geduld hast(du) wenig Schritt dass-schlagen(wir)
Hast du Lust, ein wenig spazieren zu gehen?

Alter Wasserspeicher in Yazd

© MDj

Literaturtipps

Diese Bücher und Schriften sind nicht über den Reise Know-How Verlag erhältlich. Bitte wenden Sie sich an Ihre Buchhandlung, an eine gute Bibliothek, oder versuchen Sie es online!

Gratuliere! Sie haben sich bis hierher tapfer durchgeschlagen und möchten sich jetzt intensiver mit der persischen Sprache befassen. Hierzu folgende Buchempfehlungen:

Langenscheidt Praktisches Lehrbuch Persisch, Bozorg Alavi & Manfred Lorenz, Langenscheidt, Berlin / München 1999 – *Die Grammatik wird ausführlich behandelt. Das Persische wird in Umschrift wiedergegeben. Jedes Kapitel mit eigener Vokabelliste, gefolgt von Textübungen.*

Sprachkurs Persisch: Einführung in die persische Sprache der Gegenwart, Faramarz Behzad & Soraya Divshali, Alefba Verlag, Bamberg 2004– *Sehr empfehlenswertes Lehrbuch.*

Persisch-Deutsches Wörterbuch, Prof. H. Junker & Prof. B. Alavi, Verlag Hueber, VBL Verlag Enzyklopädie Leipzig 2002 – *Sehr gutes Nachschlagewerk mit ca. 50.000 Einträgen. Das Persische wird in Umschrift wiedergegeben.*

Deutsch-Persisches Wörterbuch, Dr. Amir Aschraf Aryanpour, Verlag Kamangir, Teheran 1999 – *Enthält etwa 50.000 Einträge, das Persische hat keine Umschrift.*

An Intermediate Persian Dictionary, Dr. Mohammad Mo'in,Verlag Amir Kabir, Teheran 1998 – *Sechsbändiges Wörterbuch, ein wahrer Goldschatz! Alles wird auf Persisch erklärt, also muss man die Sprache auch schon richtig lesen können. Nur die Stichwörter sind auch in Umschrift.*

Windturm in Kermān

In den beiden Wörterlisten Deutsch – Persisch und Persisch – Deutsch finden Sie jeweils deutlich mehr als 1000 Wörter, die Ihnen schon ein ganzes Stück weiterhelfen können.
Bei der alphabetischen Reihenfolge der persischen Stichwörter ist zu beachten, dass a *und* ā *sowie* s(ch) *und* ß *als getrennte Buchstaben behandelt werden. Der Apostroph* ' *wird jedoch nicht bei der Sortierung berücksichtigt.*

A

Abend schab
Abendessen schām
aber balke, ammā, wali
Absatz (Schuh) pāschne
Absender fereßtande
Akte parwande
albern luß
alle hame;
a. beide har do
allein tanhā
alles hame tschiz
alt pir;
(antik) bāßtāni
Alter (Lebens-) omr
Ameise mur-tsche
Amt edāre
an be, lab·e
anderer digar(·i)
Anfang schoru'
angebrannt (Essen) ßuchte
Angestellter kār-mand;
(Büro) kār-mand·e edāre
Angst tarß
ängstlich tarßu
anhalten negah dāschtan
ankommen raßidan
anschauen negāh kardan
anspringen (Auto) rouschan kardan
anrufen (Telef.) ßedā zadan
anstatt be-djā·ye
Antwort djawāb
antworten djawāb dādan
Anwalt wakil
anziehen puschidan
Apfel ßib
Apotheke dāru-chāne, dawā-chāne
Appetit ocohtehā
Aprikose zard-ālu
Arbeit kār
arbeiten kār kardan
Arbeiter kār-gar
arm bi-pul, faghir
Arm bāzu
Arzt pezeschk, doktor
Arztpraxis matabb
Asche chākeßtar
Aschenbecher zir-ßigāri
Asien āßiyā
Ast schāch
Aubergine bādemdjān
auch ham
auf ru·ye
Aufenthalt eghāmat
aufheben bar dāschtan
aufladen por kardan
Auflage tschāp
aufpassen mowāzeb budan
Auge tscheschm
aus az
Ausfahrt chorudj
ausgezeichnet āli
auskennen, sich balad budan
auslachen daßt andāchtan
Ausland chāredj
Ausländer chāredji
ausleihen gharz dādan
Auspuff egzoß
ausrichten ßefāresch kardan
außer djoz;
au. dass djoz in ke
außerhalb chāredj·e, birun·e
Ausverkauf harādji
Auto māschin

B

Bäckerei nānwāyi
Bad hammām
Bahnhof ißt-gāh·e rāh-āhan
Bahnsteig ßakku

Wörterliste Deutsch – Persisch

Balkon bālkon
Ball tup;
B. spielen tup-bāzi kardan
Banane mouz
Bank bānk
bar naghd
Bär cherß
Bart risch
Batterie bātri
Bauch schekam
Baum deracht
Baumwolle pambe
Bazar bāzār
bedanken, sich taschakkor kardan
Befehl farmāyesch
befehlen farmudan
Beginn schoru'
bei pahlu·ye, pisch·e, ßar·e
beeilen, sich adjale kardan
Bein pā
bekannt ma'ruf
benachrichtigen chabar dādan
benötigen lāzem dāschtan
Benzin benzin
Berg kuh
Bergsteigen kuh-nawardi
berühmt ma'ruf
beschädigt charāb
Bescheinigung gawāhi-nāme
Beschwerde schekāyat
beschweren, sich schekāyat kardan
Besen djāru(b)
besetzt eschghāl
Besitz māl
besser beh·tar, chub·tar
bestellen ßefāresch dādan
Bestellung ßefāresch
betrunken maßt
Bettlaken malāfe
Bettler gedā
Beutel kiße
Bevölkerung djam'iyat
bevor pisch az in ke
bezahlen pardāchtan
Biene zambur
Bier āb(·e) djou
Bild akß
billig arzān
Birne golābi
bis tā
bisschen kami
Bitte chāhesch
bitten chāhesch kardan
bitter talch
Blatt (Laub) barg
blau āb·i
bleiben māndan
Bleistift medād
blond bur
Blume gol
Blumenkohl gol-kalam
Blut chun
Boden zamin, chāk
Botschaft (diplom.) ßefārat
braten ßorch kardan
brauchen lāzem dāschtan
braun ghahweyi
Braut aruß
Bräutigam dāmād
breit pahn
Bremse tormoz
Brief nāme
Briefkasten ßandugh·e poßt
Briefmarke tam(ba)r
Briefträger poßttschi
Brille eynak
bringen āwardan;
(hin-) bordan
Brot nān
Brücke pol
Bruder barādar
Buch ketāb
Bügeleisen otu
bügeln otu kardan
Bund (Strauß) daßte
Burg dej
Büro edāre, daftar
Bus otobuß
Butter kare

C

Café kāfe
Chauffeur schufer, rānande
Chef ra'iß
Christ, christlich maßihi
Computer rāyāne, computer

D

Dame chānom
damit barāye in ke
danach paß, ba'd
Dank taschakkor
dankbar mamnun;
d. sein moteschakker budan
danken taschakkor kardan
dann paß, ba'd
dass ke
Dattel chormā
Datum tārich
Dauer moddat
dauern tul keschidan
denken fekr kardan
denn, deshalb tschon, barāye in ke
Deutscher, deutsch ālmāni
Deutschland ālmān
Devisen arz
Diät redjim
Dichter schā'er
dick tschāgh
Dieb dozd
Diebstahl dozdi
Diener noukar

Dienstmädchen kolfat
dieser in
Dill schewid
Ding tschiz
Direktor ra'iß
Dorf deh
Dorn chār
dort ān·djā
draußen birun
Druck tschāp
drücken feschordan
du to
dumm bi-husch, ahmagh
dunkel tire
dünn lāghar
Durchfall eßhāl
Durst teschnegi
durstig teschne

E

eben: e. dieser hamin;
e. jener hamān
Ehe ezdewādj
Ehefrau zan, chānom
Ehemann schouhar
Ei tochm
Eid ghaßam, ßougand
eifersüchtig haßud
eilig fouri
Einbahnstraße chiyābān·e yek-tarafe
einfach ßāde
Einfahrt, Eingang worud
Einladung da'wat
Einschreiben ßefāreschi
Eintragung ßabt
Eis yach;
(Speise-) baßtani
Eisen āhan
Eisenbahn rāh-āhan
eiskalt yach
Empfang daryāft
Empfänger girande
Empfindlichkeit haßāßiyat
Ende pāyān, tamām
Engel fereschte
entschuldigen, sich ma'zerat chāßtan, bachschidan
Entschuldigung ozr, ma'zerat
er u
Erbrechen eßtefrāgh
Erbse (Kicher-) nochod
Erde zamin, chāk
Erhalt daryāft
erhalten daryāft kardan
erkälten ßarmā chordan
erkennen schenāchtan
Erlaubnis edjāze
Ermäßigung tachfif
erneuern tadjdid kardan
Esel char
essen chordan
Essen ghazā, chorāk
Essig ßerke
Etage tabaghe
etwas tschiz·i
Eule djoghd
Europa orupā
europäisch orupāyi, farangi
Existenz (Dasein) wodjud

F

Fabrik kār-chāne
Faden nach
Fahne partscham
fahren rāndan
Fahrer schufer, rānande
Fahrkarte belit
Fahrstuhl āßānßor
falls agar
Familie chānewāde
Farbe rang
fasten ruze gereftan
Fasten ruze
faul tambal;
(verfault) charāb
Faulheit tambali
Fee pari
Fehler eschtebāh
Feige andjir
Fenster pandjere
Ferien ta'tilāt
fest mohkam, ßeft
Fest djaschn
festhalten negah dāschtan
fett (Essen) tscharb
Fett roughan
Feuer ātasch
Feuerzeug fandak
Fieber tab
Filiale scho'be
finden peydā kardan
Finger angoscht
Firma scherkat
Fisch māhi
Flasche botri
fleckig lakke-dār
Fleisch guscht
fleißig zerang
fliegen parwāz kardan
fliehen farār kardan
Flug parwāz
Flughafen forud-gāh
Flugzeug tayyāre, hawā-peymā
folglich paß
Foto akß
Fotograf akkāß
Frage ßo'āl
fragen ßo'āl kardan
Frau (Ehe-) zan, chānom
Fräulein duschize
frech luß
frei āzād
Freiheit āzādi

Wörterliste Deutsch – Persisch

fremd chāredji
Freund dußt
Friede ßalām
frisch tāze
Friseur ßalmāni, ārāyesch-gar
Frucht miwe
früh zud
Frühling bahār
Frühstück ßobhāne, nāschtāyi
füllen por kardan
für barāye
Furcht tarß
fürchten, sich tarßidan
Fuß pā;
zu F. piyāde

G

Gabel tschangāl
Gang (Getriebe) dande
gar (gekocht) pochte
Gardine parde
Gasse kutsche
Gast mehmān
Gasthof mehmān-chāne
gebären zāy(e)dan
geben dād·an
Gebet namāz, do'ā
Geburtstag tawallod
Gedanke fekr
Geduld houßele, ßabr
geeignet monāßeb
Gefängnis zendān
Gefahr chatar
Gefallen: G. finden paßandidan
gegen taraf·e
Geheimnis rāz
gehen raft·an
gehorchen gusch kardan
geizig chaßiß
gelb zard
Geld pul
Gemüse ßabzi
genug baß, kāfi
Gepäck aßbāb, aßāßiye
geradeaus moßtaghim
Gerste djou
Geruch bu
Geschäft maghāze, dokkān
Geschmack maze
Geschenk hadiyye;
(Reise-) ßoughāti
Geschwindigkeit ßor'at
gesegnet mobārak
Gesellschaft scherkat
Gesicht ßurat
gestern diruz;
g. Abend dischab
Gewicht wazn
Gewinn ßud
gewiss (doch!) albatte
Gewohnheit ādat
Glas (Material) schische;
(Trink-) liwān, gilāß
Glaube din, mazhab, imān
gleich barābar;
(sofort) hālā, al-ān
Glückwunsch tabrik
Glühbirne lāmp
Gott chodā
gratulieren tabrik goftan
grau chākeßtari
Grenze marz, ßar-hadd
groß bozorg;
(Obst) doroscht
Größe (Kleidung) andāze
Großmutter mādar bozorg
Großvater pedar bozorg
Grund dalil, ellat
gültig e'tebar dāschtan
Güte chubi
Gummi lāßtik
Gurke chiyār
gut chub

H

Haar mu
haben dāschtan
Hafen bandar
Hagel tagarg
Hahn choruß
halb nim
Hälfte neßf
Hals gardan
Halt tawaghghof
Haltestelle ißt-gāh
Hand daßt
Handtuch houle
Haselnuss fandogh
hässlich zescht
Hauptstadt pāye-tacht
Haus chāne
Haut pußt
Heft daftar
heilig moghaddaß
heiraten ezdewādj kardan
heiß dāgh
helfen komak kardan
hell rouschan
Hemd pirāhan
Herbst pāyiz
Herr āghā
Herz ghalb
heute emruz;
h. Abend emschab;
h. Morgen emruz ßobh
hier in·djā
Hilfe komak
Himmel āß(e)mān
hinein tu·ye ...
hinfallen zamin chordan
hinten poscht, aghab
hinter poscht·e, aghab·e

hoch boland
Hochzeit arußi
hoffen omid·wār budan
höflich bā-adab
Höflichkeit adab
holen āwardan
Honig aßal
hören schenidan
Horn schāch
Hose schalwār
Hotel hotel
Huhn morgh
Hund ßag
Hunger goroßnegi
hungrig goroßne
Hupe bugh
Hut kolāh

I

ich man
ihr (2. Pers. Mz.) schomā
immer hamische
in dar
Information ettelā'(āt)
Ingenieur mohandeß
inmitten waßat·e
innerhalb tu·ye
intelligent bā-husch
Intelligenz husch
interessant djāleb
iranisch irāni
irren, sich eschtebāh kardan
Islam eßlām

J

ja bale
Jacke kot
Jahr ßāl;
dieses J. emßāl;
voriges J. pārßāl
Jahreszeit faßl
jede(r) har;
(jedermann) har ki
jederzeit hame waght
jemand kaß·i
jener ān
jetzt hālā, al-ān
Joghurt māßt
Jude, jüdisch yāhudi, kalimi
jung djawān
Junge peßar

K

Kaffee ghahwe
Kalender taghwim
kalt ßard
Kälte ßarmā
Kamel schotor
Kamm schāne
kämpfen djangidan
Kartoffel ßib-zamini
Käse panir
Kasten ßandugh
Katze gorbe
kaufen charidan
Kaufmann tādjdjer, bāzar-gān
Kehle galu
kein hitsch
keiner hitsch kaß
Kellner pisch-chedmat, gārßon
kennen dāneßtan
Kerze scham'
Kette zandjir
Kind batschtsche, farzand
Kino ßinemā
Kirche kelißā
Kirsche gilāß
Kissen mottakā, bālesch
Klasse (Zug) daradje
Klebstoff tschaßb
Kleid lebāß
klein kutschek
Kleingeld pul·e chord
Klingel zang
klingeln zang zadan
Knäuel kalāf(e)
Knie zānu
Knoblauch ßir
Knöchel ghuzak
Knochen oßtochān
Knopf dogme
knusprig bereschte
Koch āsch-paz
kochen pochtan
Kochtopf dig
Koffer tschamadān
Kokosnuss nārgil
Kollege ham-kār
kommen āmadan
Konditorei ghannādi
können tawāneßtan
Konsulat konßul-gari
Kopf ßar
Kopfsalat kāhu
Koran ghorān
Korn dāne
Körper badan
kosten arzidan
Kragen yaghe
krank mariz, bimār
Krankenhaus bimāreßtān, mariz-chāne
Krawatte kerāwāt
Kreis dāyere
Kreuzung tschahār-rāh
Kuchen schirini
Kühler rādiyātor
Kugelschreiber chod-kār
Kultur farhang
Kupplung kelātsch
Kürbis kadu

Kurve pitsch
kurz kutāh
küssen bußidan

L

lachen chandidan
Laden maghāze, dokkān
Lampe tscherāgh, lāmp
Land keschwar, mamlekat
Landkarte naghsche
Landsmann ham-watan
lang boland
langsam āheßte, yawāsch
laufen dawidan
laut boland
läuten zang zadan
lauwarm welarm
Leben omr, zendegi
Lebensmittelladen baghghāli
Leder tscharm
ledern tscharmi
ledig modjarrad
leer chāli
legen gozāschtan
Lehrer mo'allem, āmuz(e)-gār
leicht (Gewicht) ßabok; **(zu tun)** āßān
leihen gharz kardan
leise (ruhig) ßāket
Leiter (Gerät) nardebān
lesen chāndan
Leser chān
Leute mardom
letzter ācharin
Licht nur
lieb aziz, djān
Liebe eschgh
lieben āschegh budan; **(mögen)** dußt dāschtan
Lied āwāz
Linie chatt
links tschap
Lippe lab
Lippenstift mātik
locker schol
Löffel ghāschogh
Löwe schir
Luft hawā
Lüge dorugh

M

machen kardan
Mädchen dochtar
Magen me'de
Mal bār, martabe
manchmal gāhi
Mandarine nārangi
Ml bādam
Mann mard
männlich (Tier) nar
Mantel pālto
Märchen afßāne
Marmelade morabbā
Maus musch
Medikament dawā, dāru
Meer daryā
Mehl ārd
Mehlbeere ßendjed
meinen aghide dāschtan
Melone (Honig-) charbuze; **(Wasser-)** hendewāne
Mensch enßān, ādam
merkwürdig adjab
Messer kārd, tschāghu
Miete kerāye
Milch schir
Minister wazir
Minze na'nā
mit bā
Mittag zohr
Mittagessen nāhār
Mitte waßat, markaz
mitteilen chabar dādan
Mitteilung peyghām
mögen meyl dāschtan
Mohrrübe hawidj
Monat, Mond māh
morgen fardā
Morgen ßobh
Moschee maßdjed
Moslem moßalmān
Motor motor
müde chaßte
Müdigkeit chaßtegi
Museum muze
Musik mußighi
Muskel māhi-tsche
müssen bāyeßtan
Mutter mādar

N

nach paß az, ba'd az **(zu)** be
nachdem ba'd az in ke
nächster āyande
Nacht schab
Nachtigall bolbol
Nachricht chabar
Nadel ßuzan; **(Sicherheits-)** ßandjāgh
Nagel (Finger-) nāchon; **(Metall)** mich
nahe: n. bei nazdik e
nähen duchtan
Name eßm
nämlich ya'ni
Nase bini, damāgh
nass tar
Nation mellat
Natur tabi'at; **(Wesen)** zāt
nehmen (an-) gereftan; **(auf-)** bar dāschtan
neidisch haßud

nein na, (na) cheyr
Nerv aßab
Nest lāne
neu nou
Neujahr nou-ruz, eyd
nichts hitsch tschiz
nie hitsch waght, hargez
niemand hitsch kaß
nirgendwo hitsch djā
noch (immer) hanuz, bāz;
n. einmal bāz
Nummer schomāre, nomre
nur faghat
Nutzen cheyr

O

oben bālā
Obst miwe
obwohl agar tsche
oder yā
offen bāz
offiziell raßmi
öffnen bāz kardan
ohne bi, bedun e;
o. dass bedun e in ke
ohnmächtig bi-husch
Ohr gusch
Öl roughan;
(Erd-) naft
Olive zeytun
Onkel (mütterl.) dāyi;
(väterl.) amu
Orange nārandj
orange(farben) nārandji
Ordnung: in O. bringen doroßt kardan
Ort djā
Osten schargh

P / Q

Paar (Dinge, Tiere) djoft
Paket baßte
Palast kāch
Papagei tuti
Pass gozar-nāme
Perle morwārid
persisch fārßi
Person nafar;
pro P. nafar-i
Petersilie dja'fari
Pfeffer felfel
Pferd aßb
Pfirsich holu
pflanzen kāschtan
Pflaume ālu
Pilger (Mekka) hādjdji
Pilot chal(a)-bān
Pilz ghārtsch
Pistazie peßte
Platten (Reifen) pantschar
Platz djā
Polizist poliß, pāß-bān
Postamt poßt-chāne
Preis gheymat
Professor profoßor, oßtād
probieren tscheschidan
Prophet peygham-bar
prüfen emtehān kardan
Prüfung emtehān
Pumpe pomp
Puppe arußak
Quitte beh
Quittung raßid

R

Radiergummi pāk-kon
Radieschen torob-tsche
Rand lab
rasieren risch zadan
Rauch dud
rauchen ßigār keschidan
Rechnung ßurat(-e) heßāb, heßāb
rechts rāßt
Regen bārān
reich bā-pul, ßerwatmand
Reichtum ßerwat
Reifen tāyer, lāßtik
reif (Obst) pochte
reinigen tamiz kardan, pāk kardan
Reis berendj
Reise ßafar, moßāferat
reisen ßafar kardan, moßāferat kardan
Reisender moßāfer
Reisescheck tschek-e moßāferāti
Reißverschluss zip
Reiten aßb-ßawāri
Religion din, mazhab
Reparatur ta'mir
reparieren ta'mir kardan
Rest bāghi
Restaurant reßtorān
reumütig paschimān
Rezept noßche
richtig doroßt
Richtung taraf, ßamt
riechen bu dādan
Rind gāw
ringsum dour-tā-dour
Rock dāman
roh chām
rosa ßurati
Rosine keschmesch
rosten zang zadan
Rücken poscht
Rückkehr bar gascht
Rückseite aghab, poscht
rufen ßedā kardan

S

Sache tschiz
säen kāschtan

Saft (Frucht-) āb-miwe
sagen goftan
Saite tār
Salz namak
salzig schur
Samt machmal
Sänger chānande
satt ßir
sauber tamiz, pāk
sauer torsch
Schaden zarar;
 Sch. erleiden zarar kardan
Schaf gußfand
Schal schāl
Schale pußt
Schalter gische
Scham chedjālat
schämen, sich chedjālat keschidan
scharf (Messer) tiz;
 (Speise) tond
Schatten ßāye
Schaukel tāb
Schaum kaf
Scheck tschek
Scheich scheych
Scheitel fargh
Schenkel rān
Schere gheytschi
Scherz schuchi
schicken fereßtādan
Schiff keschti
Schirm tschatr
Schlachterei ghaßßābi
Schlaf chāb
schlafen chābidan
Schlaganfall ßakte
schlagen zadan
Schlange mār
schlecht bad
schließen baßtan
Schloss ghofl,
 (Tür) ghaßr
Schlucht dar(r)e
Schlüssel kelid
schmackhaft chosch-maze
schmal bārik
Schmerz dard
schmutzig kaßif
Schnee barf
schneiden boridan
schnell tond
Schnurbart ßibil
schön ghaschang, zibā, choschgel
Schrank komod
Schraube pitsch
Schraubenschlüssel ātschār
Schrei dād
schreiben neweschtan
Schritt ghadam
Schublade keschou
Schuh kafsch
Schuhgeschäft kaffāschi
Schulden gharz
schwach ßoßt
 (Tee, Kaffee) kam rang
schwanger hāmele
Schwein chuk
schwer ßangin
Schwester chāhar
schwierig doschwār
Schwimmbad eßtachr
Schwimmen schenā
Schwindel(gefühl) ßargidje
Schwur ghaßam, ßougand
Segeln ghāyegh-rāni
sehen didan
sehr cheyli, ziyād
Seide abrischam
Seife ßābun
sein budan
seit az
seitdem az waghti ke
Seite pahlu, taraf;
 (Buch) ßafhe
Senf chardal
sicher amn
sichtbar peydā
sie (w Ez) u, ischān;
 (Mz) in·hā, ischān
Sie schomā
singen āwāz chāndan
Sitte raßm, ādāb
sitzen nescheßtan
Sitzung djalaße
sogar hattā
Sohn peßar
solange tā waghti ke, tā
Soldat ßar-bāz
sollen bāyeßtan
Sommer tābeßtan
sondern balke
Sonne chor·schid
Sonnenschein āftāb
sonnig āftābi
Sorte (Art) nou
soviel, soweit tā ān·djā ke
spät dir
spazieren ghadam zadan
Spaziergang gardesch
Speise ghazā, chorāk
Spiegel āyine
Spiel bāzi
Spielzeug aßbāb-bāzi
Spinat eßfenādj
sprechen harf zadan
Sprache zabān
Spritze āmpul
staatlich doulati
Stadt schahr
stark ghawi;
 (Tee, Kaffee) por rang
Statue modjaßßame
Staub gard
stehen ißtādan
stehlen dozdidan

Stein ßang
stellen gozāschtan
sterben mordan
Stern ßetāre
Stiefel tschakme
stinken bu dādan
Stoff (Textil) pārtsche
Straße chiyābān
Strauß (Bund) daßte
Streichholz kebrit
Strich chatt
stricken bāftan
Stück dāne
Student dānesch-dju
Stuhl ßandali
stumm lāl
Stunde ßā'at
Sturm tufān
Süden djonub
süß schirin
Süßigkeit schirini

T

Tabak tutun
Tablett ßini
Tablette ghorß, hab(b)
Tag ruz
Tal darre
Tank tānk
Tankstelle pomp·e benzin
Tante (mütterl.) chāle; **(väterl.)** amme
tanzen raghßidan
Tänzer raghāß
Tasche kif
Tasse fendjān, eßtekān
taub kar
Taube kabutar
Taxi tākßi
Tee tschāyi
Telefon telefon
Telefonhörer guschi-telefon
telefonieren telefon kardan
Telefonzelle otāgh·e telefon
Telegramm telegrām
Teller boschghāb
Teppich ghāli, farsch
teuer gerān
tief goud
Tier heywān
Tisch miz
Tischler nadjdjār
Tochter dochtar
Toilette tuālet, moßtarāh
tot morde
töten koschtan
tragen (weg-) bordan
Treppe pelle
treu bā-wafā
Treue wafā
trinken nuschidan
Trinkgeld en'ām
trocken choschk
Tropfen tschekke
trotz bā wodjud·e
Tulpe lāle
tun kardan
Tür dar

U

Übelkeit tahawo'
überall hame djā
überlegen fekr kardan
übermorgen paß fardā
Überweisung hawāle
Uhr ßā'at
und wa
umsonst (gratis) madjdjāni
umtauschen awaz kardan
Unfall taßādof
ungültig bātel
unhöflich bi-adab
unreif chām
unten zir
unter(halb) zir·e
Unterschied fargh
Unterschrift emzā'
untersuchen (Arzt) mo'āyene kardan
unterwegs ßar·e rāh
untreu bi-wafā
unwichtig nā-tschiz
Urin edrār
Urlaub morachchaßi

V

Vater pedar
Ventilator panke
verboten mamnu'
vergessen farāmusch kardan
verheiratet mota'ahel
verkaufen foruchtan
verlangen chāßtan
verlängern tamdid kardan
verleihen gharz dādan
Verletzter madjruh, zachmi
verlieben, sich āschegh schodan
verlieren gom kardan; **(Spiel)** bāchtan
verlobt nāmzadi
vermuten hadß zadan
verschenken bachschidan
verschicken poßt kardan
Versicherung bime
verspäten, sich dir kardan
Verspätung ta'chir
versprechen ghoul dādan
verstehen fahmidan
versuchen kuschidan
Vertrag gharār-dād
Verwandter chischāwand
viel ziyād
vielleicht schāyad
viertel rob'
Visum wizā

Vogel parande
Volk chalgh;
(Nation) mellat
voll por
von az
vor pisch, djelou
vorgestern pariruz;
v. Abend parischab
Vorhang parde
Vorsicht ehtiyāt
vorsichtig mowāzeb
vorstellen, sich chiyāl kardān

W

Waage tarāzu
wach bidār
Wagen (Auto) māschin
Wahrheit haghighat
Wald djangal
Walnuss gerdu
Wanderung piyāde-rawi
wann key;
w. auch immer har waght
warm garm
warten ßabr kardan, montazer budan,
warum tscherā
was tsche, tschi;
w. auch immer har tschi
waschen schoßtan
Wasser āb
Wasserfall āb-schār
Wasserhahn schir·e āb
Wasserkanne ketri
Watte pambe
weben bāftan
Wechselkurs nerch
wechseln awaz kardan
Wechselstube ßarāfi
Weg rāh;
wegen be dalil·e, be ellat·e
wegnehmen, -tragen bordan
weiblich (Tier) māde
weich narm
weil tschon, tschon ke
Wein scharāb
Weintraube angur
weiß ßefid
weit dur
welcher kodām
Welle moudj
Welt donyā
wenig kam
wenn (falls) agar
wer ki;
w. auch immer har ki
werfen andāchtan
Werkstatt ta'mir-gāh
wert: w. sein arzidan
Wert arzesch, ghadr
Westen gharb
Wetter hawā
wichtig mohem
wie tschi;
w. viel(e) tschand;
wie viel (Preis) tsche-ghadr
wieder bāz
wiederholen tekrār kardan
Wind bād
Winter zemeßtān
wir mā
wissen (kennen) dāneßtan;
(s. auskennen) balad budan
Wissen elm, dānesch
Witwe(r) biwe
wo kodjā;
w. auch immer har djā
woher az kodjā
wohin be kodjā
Wohnung manzel
Wolke abr
Wolle paschm
wollen chāßtan
wollig paschmi
Wort kaleme
Wörterbuch farhang, loghat-nāme
wozu barāye tschi
Wunde zachm
wünschen chāßtan
Wüste biyābān
wütend aßabāni

Z

zäh ßeft
Zahl schomāre, nomre
zählen schomordan
Zahn dandān
Zahnbürste meßwāk
Zahnpasta chamir-dandān
Zarathustrier zartoschti
zart zarif
Zeit waght, zamān
Zeitung ruz-nāme
zerbrechen schekaßtan
zerrissen pāre
Zeuge schāhed
Ziege boz
ziehen keschidan
Zigarette ßigār
zittern larzidan
Zoll gomrok
Zucchini kadu
Zucker schekar, ghand
Zug ghatār
zuhören gusch dādan, gusch kardan
zukünftig āyande
Zündkerze scham'
Zunge zabān
zurückgeben paß dādan
zurückkehren bar gaschtan
zwar: und z. ya'ni
zweifeln schakk dāschtan
Zylinder ßilandr

A

abr Wolke
abrischam Seide
adab Höflichkeit
adjab merkwürdig
adjale: a. kardan sich beeilen
afßāne Märchen
agar falls, wenn;
a. tsche obwohl
aghab Rückseite;
a.·e hinter
aghide: a. dāschtan meinen
akkāß Fotograf
akß Bild, Foto
al-ān nun, jetzt, sofort
albatte gewiss (doch)
ammā aber
amme Tante (väterl.)
amn sicher
amu Onkel (väterl.)
an jener
andāchtan werfen
andāze Größe (Kleidung)
andjir Feige
angoscht Finger
angur Weintraube
aruß Braut
arußak Puppe
arußi Hochzeit
arz Devisen
arzān billig
arzesch Wert
arzidan kosten, wert sein
aßab Nerv
aßabāni wütend
aßal Honig
aßāßiye Gepäck
aßb Pferd
aßbāb Gepäck
aßbāb-bāzi Spielzeug
aßb-ßawāri Reiten
awaz: a. kardan wechseln
az von, aus, seit
aziz lieb

Ā

āb Wasser;
ā.(·e) djou Bier;
ā.(·e) miwe Fruchtsaft
ābi blau
āb-schār Wasserfall
ācharin letzter
ādam Mensch
ādat Gewohnheit
āftāb Sonnenschein
āghā Herr
āhan Eisen
āheßte langsam
ā'ine Spiegel
āli ausgezeichnet
ālmāni Deutscher, deutsch
ālu Pflaume
āmadan kommen
āmpul Spritze
āmuz(e)-gār Lehrer
ān·djā dort;
tā ā. ke so viel, so weit
ārd Mehl
āsch-paz Koch
āschegh: ā. budan lieben;
ā. schodan sich verlieben
āßān leicht (zu tun)
āßānßor Fahrstuhl
āß(e)mān Himmel
ātasch Feuer
ātschār Schraubenschlüssel
āwardan bringen, holen
āwāz Lied, Gesang;
ā. chāndan singen
āyande zukünftig, nächster
āyā ob, etwa (in Fragen)
āzād frei
āzādi Freiheit

B

bachschidan verschenken, entschuldigen
bad schlecht
ba'd dann, danach;
b. az nach;
b. az in ke nachdem
badan Körper
baghghāli Lebensmittelladen
bahār Frühling
balad: b. budan wissen, sich auskennen
bale ja
balke aber, sondern
bandar Hafen
barābar gleich
barādar Bruder
barāye für;
b. in ke damit;
b. tschi wozu
bar dāschtan nehmen, aufheben
barf Schnee
barg Blatt
bar gascht Rückkehr
bar gaschtan zurückkehren
baß genug
baßtan schließen
baßtani Speiseeis
baßte Paket
batschtsche Kind
bā mit
bāchtan verlieren (Spiel)
bād Wind
bādam Mandel
bādemdjān Aubergine
bāftan weben, stricken
bāghi Rest
bālā oben
bālesch Kissen
bānk Bank
bā-pul reich

bār Mal
bārān Regen
bārik schmal
bāßtāni alt (antik)
bātel ungültig
bātri Batterie
bāyeßtan sollen, müssen
bāz wieder, noch(mals); offen;
 b. kardan öffnen
bāzar-gān Kaufmann
bāzār Bazar
bāzi Spiel
bāzu Arm
be nach (Richtung)
bedun·e ohne
beh Quitte
beh·tar besser
belit Fahrkarte
benzin Benzin
berendj Reis
bereschte knusprig
bi ohne
bidār wach
bi-husch dumm, ohnmächtig
bimār krank, Kranke
bimāreßtān Krankenhaus
bime Versicherung
bini Nase
bi-pul arm
birun draußen;
 b.·e außerhalb (von)
biwe Witwe(r)
biyābān Wüste
boland hoch, lang, laut
bolbol Nachtigall
bordan (weg)tragen, hinbringen, wegnehmen
boridan schneiden
boschghāb Teller
botri Flasche
boz Ziege
bozorg groß
bu Geruch;
 b. dādan riechen, stinken
budan sein
bugh Hupe
bur blond
bußidan küssen

Ch

chabar Nachricht;
 ch. dādan mitteilen
chal(a)-bān Pilot
chalgh Volk
chamir-dandān Zahnpasta
chandidan lachen
char Esel
charāb kaputt, verfault
charbuze Honigmelone
chardal Senf
charidan kaufen
chaßiß geizig
chaßte müde
chaßtegi Müdigkeit
chatar Gefahr
chatt Linie, Strich, Leitung
chāb Schlaf
chābidan schlafen
chāhar Schwester
chāhesch Bitte;
 ch. kardan bitten
chāk Boden, Erde
chākeßtar Asche
chākeßtari grau
chāle Tante (mütterl.)
chāli leer
chām unreif, roh
chānande Sänger, Leser
chāndan lesen
chāne Haus
chānewāde Familie
chānom Frau, Ehefrau, Dame
chār Dorn
chāredj Ausland;
 ch.·e außerhalb (von)
chāredji fremd, Ausländer
chāßtan wollen, wünschen
chedjālat Scham;
 ch. keschidan sich schämen
cherß Bär
cheyli sehr, viel
cheyr Nutzen; nein
chischāwand Verwandter
chiyābān Straße
chiyār Gurke
chodā Gott
chod-kār Kugelschreiber
chorāk Essen, Speise
chordan essen
chormā Dattel
chorschid Sonne
chorudj Ausfahrt, Ausgang
choruß Hahn
choschgel schön
choschk trocken
chosch-maze schmackhaft
chub gut
chubi Güte
chuk Schwein
chun Blut

D (Dj)

daftar Heft, Amtsstube
dalil Grund;
 be d.·e wegen
damāgh Nase
dandān Zahn
dande Gang, Getriebe
dar in, innerhalb; Tür
daradje Grad, Klasse (Zug)
dard Schmerz
darre Tal, Schlucht
daryā Meer

daryāft Erhalt, Empfang;
d. kardan erhalten
daßt Hand;
d. andāchtan auslachen
daßte Bund, Strauß
dawā Medikament, Arznei
dawā-chāne Apotheke
da'wat Einladung
dawidan laufen, rennen
dād Schrei
dādan geben
dāgh heiß
dāmād Bräutigam
dāne Korn, Stück
dānesch Wissen
dānesch-dju Student
dāneßtan wissen, kennen
dār Galgen
dāru Medikament, Arznei
dāru-chāne Apotheke
dāschtan haben
dāyere Kreis
dāyi Onkel (mütterl.)
deh Dorf
dej Burg, Festung
deracht Baum
didan sehen
dig Kochtopf
digar(·i) (ein) anderer
din Glaube
dir spät;
d. kardan sich verspäten
diruz gestern
dischab gestern Abend
dja'fari Petersilie
djalaße Sitzung
djam'iyat Bevölkerung
djangal Wald
djangidan kämpfen
djaschn Fest, Feier
djawāb Antwort;
dj. dādan antworten
djawān jung
djā Platz, Ort;
be dj.·ye anstatt
djāleb interessant
djān lieb
djāru(b) Besen
djelou vorn
djoft Paar (Ding, Tier)
djoghd Eule
djonub Süden
djou Gerste
djoz außer;
dj. in ke außer dass
do'ā Gebet
dochtar Mädchen, Tochter
dogme Knopf
dokkān Laden, Geschäft
donyā Welt
doroscht groß (Obst)
doroßt richtig, genau;
d. kardan herstellen, in Ordnung bringen
dorugh Lüge
doschwār schwierig
doulati staatlich, offiziell
dour-tā-dour ringsum
dozd Dieb
dozdi Diebstahl
dozdidan stehlen
duchtan nähen
dud Rauch
dur weit
duschize Fräulein
dußt Freund;
d. dāschtan lieben, mögen

E

edāre Büro, Amt
edjāze Erlaubnis
edrār Urin
eghāmat Aufenthalt
egzoß Auspuff
ehtiyāt Vorsicht
ellat Grund;
be e.·e wegen
elm Wissen
emruz heute
emschab heute Abend
emßāl dieses Jahr
emtehān Prüfung;
e. kardan prüfen
emzā' Unterschrift
en'ām Trinkgeld
enßān Mensch
eschgh Liebe
eschghāl besetzt
eschtebāh Fehler;
e. kardan sich irren
eschtehā Appetit
eßfenādj Spinat
eßhāl Durchfall
eßlām Islam
eßm Name
eßtachr Schwimmbad
eßtefrāgh Erbrechen
eßtekān Tasse
e'tebar: e. dāschtan gültig sein
ettelā'(āt) Information
eyd Neujahr
eynak Brille
ezdewādj Ehe;
e. kardan heiraten

F

faghat nur
faghir arm, Armer
fahmidan verstehen
fandak Feuerzeug
fandogh Haselnuss
farangi europäisch
farāmusch: f. kardan vergessen
farār: f. kardan fliehen
fardā morgen

Wörterliste Persisch – Deutsch

fargh Scheitel, Unterschied
farhang Kultur, Wörterbuch
farmāyesch Befehl
farmudan befehlen
farsch Teppich
farzand Kind
faßl Jahreszeit
fārßi Persisch
fekr Gedanke;
f. kardan denken, meinen
felfel Pfeffer
fendjān Tasse
fereschte Engel
fereßtande Absender
fereßtādan schicken
feschordan drücken
forud-gāh Flughafen
foruchtan verkaufen
fouri eilig

G (Gh)

galu Kehle
gard Staub, Pulver
gardan Hals
gardesch Spaziergang
garm warm
gawāhi-nāme Bescheinigung
gāhi manchmal
gārßon Kellner
gāw Rind
gedā Bettler
geram Gramm
gerān teuer
gerdu Walnuss
gereftan nehmen, bekommen
ghadam Schritt;
gh. zadan spazieren
ghahwe Kaffee
ghahweyi braun
ghand (Würfel-)Zucker
ghannādi Konditorei
gharār-dād Vertrag
gharb Westen
gharz Schulden;
gh. kardan leihen
ghaschang schön
ghaßam Eid, Schwur
ghaßr Schloss
ghaßßābi Schlachterei
ghatār Zug
ghawi stark
ghazā Essen, Speise
ghāli Teppich
ghārtsch Pilz
ghāschogh Löffel
ghāyegh-rāni Segeln
gheymat Preis
gheytschi Schere
ghofl (Tür-)Schloss
ghorān Koran
ghorß Tablette
ghoul: gh. dādan versprechen
ghuzak Knöchel
gilāß Kirsche; Glas
girande Empfänger
gische Schalter
goftan sagen, reden
gol Blume;
golābi Birne
gol-kalam Blumenkohl
gom: g. kardan verlieren
gomrok Zoll
gorbe Katze
goroßne hungrig
goroßnegi Hunger
goud tief
gozar-nāme Reisepass
gozāschtan legen, stellen
gusch Ohr;
g. kardan gehorchen, zuhören
guschi-telefon Telefonhörer
guscht Fleisch
gußfand Schaf

H

hab(b) Tablette
hadiyye Geschenk
hadß: h. zadan vermuten
haghighat Wahrheit
ham auch
hamān eben jener
hame alle;
h. djā überall;
h. tschiz alles
hamin eben dieser
hamische immer
ham-kār Kollege
hammām Bad
ham-watan Landsmann
har jeder;
h. djā wo auch immer;
h. ki wer auch immer;
h. tschi was auch immer;
harādji Ausverkauf
harf: h. zadan sprechen
hargez niemals, nie
haßāßiyat Empfindlichkeit
haßud eifersüchtig, neidisch
hattā sogar
hawā Luft, Wetter
hawāle Überweisung
hawā-peymā Flugzeug
hawidj Mohrrübe
hādjdji Pilger (Mekka)
hālā jetzt, sofort, gleich
hāmele schwanger
hānuz noch (immer)
hāzer bereit, fertig
hendewāne Wassermelone
heßāb Rechnung
heywān Tier
hitsch kein;
h. djā nirgendwo;
h. kaß niemand, keiner;

h. tschiz nichts;
h. waght nie(mals)
holu Pfirsich
houle Handtuch
houßele Geduld
husch Intelligenz

I

imān Glaube, Religion
in dieser, es
in·djā hier
irāni iranisch
ischān er, sie
ißtādan stehen
ißt-gāh Haltestelle;
i.-g.·e rāh-āhan Bahnhof

K

kabutar Taube
kadu Kürbis, Zucchini
kaf Schaum
kaffāschi Schuhgeschäft
kafsch Schuh
kalāf(e) Knäuel
kaleme Wort
kam wenig;
kam·i ein bisschen
kar taub
kardan machen, tun
kare Butter
kaß Person;
kaß·i jemand
kaßif schmutzig
kāch Palast
kāfe Café
kāfi genug
kāhu Kopfsalat
kār Arbeit;
k. kardan arbeiten
kār-chāne Fabrik
kārd Messer
kār-gar Arbeiter
kār-mand Angestellter
kāschtan pflanzen, säen
ke dass
kebrit Streichholz
kelātsch Kupplung
kelid Schlüssel
kelißā Kirche
kerāwāt Krawatte
kerāye Miete
keschidan ziehen
keschmesch Rosine
keschou Schublade
keschti Schiff
keschwar Land
ketāb Buch
ketri Wasserkanne
key wann
kif Tasche
kiße Beutel
kodām welcher
kodjā wo;
az k. woher;
be k. wohin
kolāh Hut
kolfat Dienstmädchen
komak Hilfe;
k. kardan helfen
komod Schrank
konßulgari Konsulat
koschtan töten
kot Jacke
kuh Berg
kuh-nawardi Bergsteigen
kuschidan versuchen
kutāh kurz
kutsche Gasse
kutschek klein

L

lab Lippe, Rand;
l.·e an
lakke-dār fleckig
larzidan zittern
lāghar dünn
lāl stumm
lāle Tulpe
lāmp Lampe, Glühbirne
lāne Nest
läßtik Gummi, Reifen
lāzem: l. dāschtan brauchen
lebāß Kleid
liwān (Trink-)Glas
loghat-nāme Wörterbuch
luß frech, albern

M

ma wir
machmal Samt
madjdjāni umsonst
madjruh Verletzter
maghāze Laden
malāfe Bettlaken
mamlekat Land
mamnu' verboten
mamnun dankbar
man ich
manzel Wohnung
mard Mann
mardom Leute
mariz krank
mariz-chāne Krankenhaus
markaz Mitte
martabe Mal
ma'ruf bekannt, berühmt
marz Grenze
maßdjed Moschee
maßihi Christ, christlich
maßt betrunken
matabb Arztpraxis
ma'zerat Entschuldigung;
m. chāßtan sich entschuldigen
mazhab Glaube, Religion

mazze Geschmack
mādar Mutter;
m. bozorg Großmutter
māde weiblich (Tier)
māh Monat, Mond
māhi Fisch
māhitsche Muskel, Keule
māl Besitz, Eigentum
māndan bleiben
mār Schlange
māschin Auto, Wagen
māßt Joghurt
mātik Lippenstift
medād Bleistift
me'de Magen
mehmān Gast
mehmān-chāne Gasthof
mellat Nation, Volk
meßwāk Zahnbürste
meyl: m. dāschtan mögen
mich Nagel (Metall)
miwe Frucht, Obst
miz Tisch
mo'allem Lehrer
mo'āyene: m. kardan untersuchen (Arzt)
mobārak gesegnet
moddat Dauer
modjarrad ledig
modjaßßame Statue
moghaddaß heilig
mohandeß Ingenieur
mohem wichtig
mohkam fest
monāßeb geeignet
montazer: m. budan warten
morabbā Marmelade
morachchaßi Urlaub
mordan sterben
morde tot, Leiche
morgh Huhn, Henne
morwārid Perle
moßalmān Moslem
moßāfer Reisender
moßāferat Reise
moßtaghim geradeaus
moßtarāh Toilette
mota'ahel verheiratet
moteschakker dankbar
mottakā Kissen
moudj Welle
mouz Banane
mowāzeb vorsichtig
mu Haar
mur-tsche Ameise
musch Maus
mußighi Musik
muze Museum

N

na nein
nach Faden
nadjdjār Tischler
nafar Person
naft Erdöl
naghd bar
naghsche Landkarte
namak Salz
namāz Gebet
na'nā Minze
nar männlich (Tier)
nardebān Leiter
narm weich
nazdik: n.·e nahe
nāchon (Finger-)Nagel
nāhār Mittagessen
nāme Brief
nāmzadi verlobt
nān Brot
nānwāyi Bäckerei
nārandj Orange
nārandji orange
nārangi Mandarine
nārgil Kokosnuss
nāschtāyi Frühstück
negah: n. dāschtan anhalten, festhalten
negāh: n. kardan anschauen
nerch Wechselkurs
nescheßtan sitzen
neßf Hälfte
neweschtan schreiben
nim halb
nochod (Kicher-)Erbse
nomre Nummer
noßche Rezept
nou neu; Sorte, Art
noukar Diener
nou-ruz Neujahr
nur Licht
nuschidan trinken

O

omid·wār: o. budan hoffen
omr Leben, Lebensalter
orupāyi europäisch
oßtād Professor
oßtochān Knochen
otāgh·e telefon Telefonzelle
otu Bügeleisen;
o. kardan bügeln
ozr Entschuldigung;
o. chāßtan entschuldigen

P

pahlu Seite;
p.·ye bei, neben
pahn breit
pambe Baumwolle, Watte
pandjere Fenster
panir Käse
panke Ventilator
pantschar Platten
parande Vogel
pardāchtan bezahlen
parde Gardine, Vorhang

pari Fee
pariruz vorgestern
parischab vorgestern Abend
partscham Fahne
parwande Akte
parwāz Flug;
p. kardan fliegen
paschimān reumütig
paschm Wolle
paschmi wollig
paß dann, danach, folglich;
p. az ... nach, hinter
p. dādan zurückgeben;
p. fardā übermorgen
paßandidan gefallen, passen
pā Bein, Fuß
pāk sauber
pāk-kon Radiergummi
pāre zerrissen
pārßāl voriges Jahr
pārtsche Stoff
pāschne Absatz
pāß-bān Polizist
pāyān Ende
pāye-tacht Hauptstadt
pāyiz Herbst
pedar Vater;
p. bozorg Großvater
pelle Treppe
peßar Junge, Sohn
peßte Pistazie
peydā sichtbar;
p. kardan finden
peygham-bar Prophet
peyghām Mitteilung
pezeschk Arzt
pir alt
pirāhan Hemd
pisch vor;
p. az in ke bevor;
p.·e bei
pisch-chedmat Kellner
pitsch Schraube, Kurve
piyāde zu Fuß
piyāde-rawi Wanderung
pochtan kochen
pochte gar, gekocht
pol Brücke
polß Polizei, Polizist
pomp Pumpe;
p.·e benzin Tankstelle
por voll;
p. kardan füllen, aufladen
poscht hinten; Rücken, Rückseite;
p.·e hinter
poßt: p. kardan verschicken
poßt-chāne Postamt
poßttschi Briefträger
pul Geld;
p.·e chord Kleingeld
puschidan anziehen
pußt Haut, Schale

R

radiyator Kühler
raftan gehen
raghāß Tänzer
raghßidan tanzen
ra'iß Chef, Direktor
rang Farbe;
kam r. schwach (z. B. Tee);
por r. stark (z. B. Tee)
raßid Quittung
raßidan ankommen, reifen
raßm Sitte, Brauch
raßmi öffentlich, staatlich
rāh Weg
rāh-āhan Eisenbahn
rān Schenkel
rānande Fahrer
rāndan fahren
rāßt rechts
rāyāne Computer
rāz Geheimnis
redjim Diät
reßtorān Restaurant
risch Bart;
r. zadan rasieren
rob' Viertel
roughan Fett, Öl
rouschan hell
ru·ye auf
ruz Tag
ruze Fasten;
r. gereftan fasten
ruz-nāme Zeitung

Sch

schab Nacht, Abend
schakk: sch. dāschtan zweifeln
schahr Stadt
schalwar Hose
scham' Kerze, Zündkerze
scharāb Wein
schargh Osten
schaßt Daumen
schā'er Dichter
schāhed Zeuge
schāch Ast, Horn
schāl Schal
schām Abend(essen)
schāne Kamm
schāyad vielleicht
schekam Bauch
schekaßtan zerbrechen
schekāyat Beschwerde;
sch. kardan sich beschweren
schenā Schwimmen
schenāchtan erkennen
schenidan hören, zuhören
scherkat Gesellschaft, Firma
schewid Dill
scheych Scheich

schir Löwe; Milch;
sch.·e āb Wasserhahn
schirin süß
schirini Kuchen, Süßigkeit
schische Glas (Material)
scho'be Filiale
schol locker
schomā ihr, Sie
schomāre Zahl, Nummer
schomordan zählen
schoru' Beginn, Anfang
schoßtan waschen
schotor Kamel
schouhar Ehemann
schuchi Scherz
schufer Fahrer
schur salzig

ß

ßabok leicht (Gewicht)
ßabr Geduld;
ß. kardan warten
ßabt Eintragung
ßabzi Gemüse
ßafar Reise;
ß. kardan reisen
ßafhe Seite (Buch)
ßag Hund
ßakku Bahnsteig
ßakte Schlaganfall
ßang Stein
ßalām Frieden
ßalmāni Frisör
ßandali Stuhl
ßandjāgh Sicherheitsnadel
ßandugh Kasten;
ß.·e poßt Briefkasten
ßangin schwer
ßar Kopf;
ß.·e rāh unterwegs
ßarāfi Wechselstube
ßar-bāz Soldat
ßard kalt
ßargidje Schwindel(gefühl)
ßar-hadd Grenze
ßarmā Kälte;
ß. chordan erkälten
ßā'at Uhr, Stunde
ßāye Schatten
ßābun Seife
ßāde einfach, schlicht
ßāket leise
ßāl Jahr
ßedā: ß. kardan rufen;
ß. zadan anrufen (Telefon)
ßefārat Botschaft
ßefāresch Bestellung;
ß. dādan bestellen;
ß. kardan ausrichten
ßefāreschi Einschreiben
ßefid weiß
ßeft fest, zäh
ßendjed Mehlbeere
ßerke Essig
ßerwat Reichtum
ßerwatmand reich, Reicher
ßetāre Stern
ßib Apfel;
ß. zamini Kartoffel
ßibil Schnurrbart
ßigār Zigarette;
ß. keschidan rauchen
ßinemā Kino
ßini Tablett
ßir Knoblauch; satt
ßo'āl Frage;
ß. kardan fragen
ßobh Morgen
ßobhāne Frühstück
ßor'at Geschwindigkeit
ßorch: ß. kardan braten
ßoßt schwach
ßoughāti Reisegeschenk
ßuchte angebrannt (Essen)
ßud Gewinn
ßurat Gesicht, Liste;
ß.·e heßāb Rechnung
ßurati rosa
ßuzan Nadel

T (Tsch)

tab Fieber
tabaghe Etage
tabi'at Natur
tabrik Glückwunsch;
t. goftan gratulieren
tachfif Ermäßigung
ta'chir Verspätung
tadjdid: t. kardan erneuern
tagarg Hagel
taghwim Kalender
tahawo' Übelkeit
talch bitter
tamām Ende
tambal faul
tambali Faulheit
tam(ba)r Briefmarke
tamdid: t. kardan verlängern
ta'mir Reparatur;
t. kardan reparieren
ta'mir-gāh Werkstatt
tamiz sauber;
t. kardan reinigen
tanhā allein
tar nass
taraf Richtung, Seite;
t.·e gegen
tarāzu Waage
tarß Angst, Furcht
tarßidan fürchten
tarßu ängstlich
taschakkor Dank(barkeit);
t. kardan sich bedanken
taßādof Unfall
ta'tilāt Ferien
tawaghghof Halt
tawallod Geburtstag

tawāneßtan können
tayyāre Flugzeug
tā bis, seit, solange; Stück
tāb Schaukel
tābeßtān Sommer
tādjdjer Kaufmann
tākßi Taxi
tānk Tank
tār Saite
tārich Datum
tāyer Reifen
tāze frisch
tekrār: t. kardan wiederholen
telefon Telefon; **t. kardan** telefonieren
teschne durstig
teschnegi Durst
tire dunkel
tiz scharf (Messer)
to du
tochm Ei
tond schnell, scharf (Speise)
tormoz Bremse
torobtsche Radieschen
torsch sauer
tschahār-rāh Kreuzung
tschakme Stiefel
tschamadān Koffer
tschand wie viel(e)
tschangāl Gabel
tschap links
tscharm Leder
tscharmi ledern
tschaßb Klebstoff
tschatr Schirm
tschāgh dick
tschāghu Messer
tschāp Auflage, Druck
tschāyi Tee
tsche was
tsche-ghadr wie viel (Preis)
tschek Scheck
tschekke Tropfen
tscherā warum
tscherāgh Lampe
tscheschidan kosten (Essen)
tscheschm Auge
tsche-tour wie (Frage)
tschi was, wie
tschiz Ding, Sache; **tschiz·i** etwas
tschon (ke) denn, deshalb
tu: t.·ye in … hinein, innerhalb
tufān Sturm
tul: t. keschidan dauern
tup Ball
tup-bāzi Ballspiel
tuti Papagei
tutun Tabak

U / W

u sie, er
wa und
wafā Treue
waght (Uhr-)Zeit; **az waght·i ke** seitdem; **tā waght·i ke** solange
wakil Anwalt
wali aber
waßat Mitte; **w.·e** inmitten
wazir Minister
wazn Gewicht
welarm lauwarm
wizā Visum
wodjud Existenz; **bā w.·e** trotz
worud Einfahrt, Eingang

Y

yach Eis, eiskalt
yaghe Kragen
ya'ni nämlich, und zwar
yawāsch langsam
yā oder
yāhudi Jude, jüdisch

Z

zabān Sprache, Zunge
zadan schlagen
zachm Wunde
zachmi Verletzter
zamān Zeit
zambur Biene
zamin Boden, Erde; **z. chordan** hinfallen
zan Frau, Ehefrau
zandjir Kette
zang Klingel; **z. zadan** klingeln; rosten
zarar Schaden, Verlust; **z. kardan** Schaden erleiden
zard gelb
zard-ālu Aprikose
zarif zart
zartoschti Zarathustrier
zānu Knie
zāt Natur (Wesen)
zāy(e)dan gebären
zemeßtān Winter
zendān Gefängnis
zendegi Leben
zerang fleißig
zescht hässlich
zeytun Olive
zibā schön
zip Reißverschluss
zir unten; **z.·e** unter(halb)
zir-ßigāri Aschenbecher
ziyād sehr, viel
zohr Mittag
zud früh

Die Autorin

Mina Djamtorki: Ich wurde in Ahvaz geboren und bin dort zur Schule gegangen. In Deutschland habe ich nach einer fotografischen Ausbildung ein interdiziplinäres Studium mit Schwerpunkt Betriebswirtschaftslehre erfolgreich absolviert. Nach langjähriger Berufstätigkeit trieb mich die Routine, aber auch der Wunsch mehr über mein Land, meine Kultur und letztendlich über mich selbst zu erfahren, wieder auf die Schulbank zurück. Das Studium der Iranistik und der Islamwissenschaft beendete ich mit dem Abschluss der Magistra Artium. Mit diesem Büchlein möchte ich dazu beitragen, eine Brücke zwischen der deutschen und der persischen Kultur zu schlagen.